Vom Fachbereich 19 (Geographie) der Philipps-Universität
Marburg/Lahn als

Dissertation angenommen am: 11.5.1987
Tag der mündlichen Prüfung: 16.6.1987

Berichterstatter: Professor Dr. G. MERTINS
Mitberichterstatter: Professor Dr. E. BUCHHOFER

Klaus Gierhake

Regionale Entwicklungs-
konzeptionen in Peru –
Programme
und Implementation

Band 36

Schriften des Zentrums für regionale Entwicklungsforschung
der Justus-Liebig-Universität Giessen

Schriftleitung: Dr. Reinhard Kaufmann

VERLAG WELTARCHIV GMBH · HAMBURG 1988

ISSN 0170-1614

SCHRIFTEN DES
ZENTRUMS FÜR REGIONALE ENTWICKLUNGSFORSCHUNG
DER JUSTUS-LIEBIG-UNIVERSITÄT GIESSEN

CIP-Titelaufnahme der Deutschen Bibliothek

Gierhake, Klaus:
Regionale Entwicklungskonzeptionen in Peru - Programme und
Implementationen / Klaus Gierhake. - Hamburg : Verl.
Weltarchiv, 1988
 (Schriften / Zentrum für Regionale Entwicklungsforschung der Justus-
 Liebig-Universität Giessen ; 36)
 ISBN 3-87895-351-8
NE: Zentrum für Regionale Entwicklungsforschung <Giessen>:
 Schriften

ISBN 3-87895-351-8

© 1988 VERLAG WELTARCHIV GMBH, 2000 HAMBURG 36

HERSTELLUNG: GAHMIG DRUCK, GIESSEN

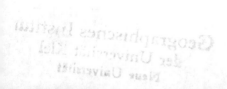
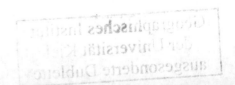

VORWORT

Das Zentrum für regionale Entwicklungsforschung der Justus-
Liebig-Universität Gießen führt seit 1975 interdisziplinäre
Forschungsvorhaben in Industrie- und Entwicklungsländern
durch, die den Erkenntnisstand über regionale Strukturen
und Entwicklungsprozesse durch vergleichende Analyse verbessern sollen.

Im Zentrum sind derzeit Wissenschaftler verschiedener Dis-
ziplinen der Agrarwissenschaften, Ernährungswissenschaft,
Geographie und Wirtschaftswissenschaften zusammengeschlos-
sen.

Mit den vorliegenden "Schriften des Zentrums für regionale
Entwicklungsforschung der Justus-Liebig-Universität Gießen"
soll der Versuch unternommen werden, den Stand der Diskussionen im Zentrum über aktuelle regionalwissenschaftliche
und entwicklungspolitische Themen einem Kreis von Interes-
sierten darzulegen. Die jeweiligen Autoren erhoffen von den
Lesern Stellungnahme und kritische Anmerkungen zu ihren
Beiträgen, um ihren eigenen Standort ständig neu überprüfen
zu können.

Die "Schriften" erscheinen in unregelmäßiger Folge im Verlag Weltarchiv GmbH (Hamburg); die Bände 1 bis 24 wurden
vom Verlag Breitenbach (Saarbrücken/Fort Lauderdale) be-
treut.

       Prof. Dr. H. Spitzer
(Geschäftsführender Direktor)

ZUM AUTOR

KLAUS GIERHAKE, geb. 1958, studierte von 1977 bis 1982 Geographie, Germanistik und Geschichte an der Justus-Liebig-Univeristät Gießen; von 1983 bis 1987 Doktorand am Fachbereich Geographie der Philipps-Universität Marburg. In diese Zeit fällt ein 1 3/4-jähriger Aufenthalt in Südamerika (Peru, Kolumbien) im Rahmen des "Projektbezogenen Forschungsstipendiums im Ausland" der Friedrich Naumann-Stiftung. Die Dissertation baut auf den Ergebnissen der Feldarbeiten in Peru während dieser Zeit auf.

Promotion zum Dr. rer. nat. durch den Fachbereich Geographie der Philipps-Universität Marburg im Juni 1987.

Gutachtertätigkeit in einem Ernährungssicherungsprojekt in Peru Ende 1987.

DANKSAGUNG

Für die Betreuung dieser Dissertation und die zahlreichen Anregungen bei der Bearbeitung des Themas danke ich besonders herzlich Herrn Prof. Dr. G. MERTINS, Universität Marburg.

Einer Reihe von Personen, die mir durch ihr Entgegenkommen und ihre Hilfe die Feldarbeiten in Peru wesentlich erleichterten, bin ich zu Dank verpflichtet. Sie sind in der Liste der Gesprächspartner einzeln aufgeführt.

Anregende Diskussionen mit Mitarbeitern des Zentrums für regionale Entwicklungsforschung der Universität Gießen, insbesondere mit Herrn Dr. R. Kaufmann, halfen sehr bei der Abfassung der Arbeit. Wertvolle Ratschläge bei der Erstellung der graphischen Abbildungen gab Herr W. Elmshäuser. Für diese Unterstützung bin ich sehr dankbar.

Für die finanzielle Förderung dieses Forschungsprojektes sei der Friedrich-Naumann-Stiftung an dieser Stelle Dank gesagt.

Klaus Gierhake

LISTE DER GESPRÄCHSPARTNER

Viele Entscheidungen über die Allokation öffentlicher Investitionen werden aber publiziert. Um diese Lücke zu
schließen, aber auch um publizierte Planungsdokumente hinsichtlich ihrer Umsetzung zu überprüfen, waren oft mehr-
malige Gespräche in verschiedenen Institutionen notwendig.

Insbesondere möchte ich in diesem Zusammenhang die nachfolgenden Personen erwähnen:

Herr AHLERS	Erziehungsministerium Lima
Frau ALCORTA	CORLIMA
Herr BARTELINK	PEPP - Oxapampa
Herr BRACK	PEPP - Oxapampa
Herr CABRERA	INP - Lima
Herr CENTENO	ELECTROPERU - Cuzco
Herr DE LA PUENTE	Corporación Financiera de Desarrollo
Herr DIENEMANN	GTZ - Lima
Herr DURAND	INADE
Herr FARROMEQUE	Planungsabteilung des Landwirtschafts-ministeriums
Herr FRIEDRICH	GTZ - Lima
Frau GALARZA	INP - Lima
Herr GIANELLI	Gewinner des Architektenwettbewerbs "Ciudad Constitución"
Herr HELLE	GTZ
Herr ISMODES	Vizelandwirtschaftsminister, Lima
Herr LIRA	Handelskammer Arequipa
Herr MEZA MONGE	CORDE Cuzco, Centro Las Casas
Herr MUCKER	PROMIDHEC
Herr MUNOZ	CIPA - Oxapampa
Herr NEGRON, C.	COOPOP - Cuzco
Herr NEGRON, L.	Transportministerium Cuzco
Herr PACHECO	Landwirtschaftsministerium Cuzco
Herr PAGAN	Transportministerium Cuzco
Herr PAREDES	CORDE Cuzco
Herr RIZO PADRON	Corporación Financiera de Desarrollo
Herr SCHULDT	Universidad del Pacifico
Herr SUDHAUS	PLAN MERIS II
Herr THUMM	Weltbank Lima
Herr VILLACORTA	INP - Lima
Herr VILLAFUERTE	COPESCO - Cuzco

INHALTSVERZEICHNIS

VERZEICHNIS DER TABELLEN

VERZEICHNIS DER SCHAUBILDER

VERZEICHNIS DER KARTEN

VERZEICHNIS DER ABKÜRZUNGEN

APRA	Alianza Popular Revolucionaria Americana (Revolutionäre Volksallianz Amerikas)
BID	Banco Interamericano de Desarrollo (Interamerikanische Entwicklungsbank)
CENCIRA	Centro Nacional de Capacitación e Investigación para la Reforma Agraria (Nationales Ausbildungs- und Forschungsinstitut für die Agrarreform)
CEPAL	Comisión Económica para América Latina (UN-Wirtschaftskommission für Lateinamerika)
CERTEX	Certificado de Reintegrado Tributario a las Exportaciones No-Tradicionales (Bescheinigung zur steuerlichen Rückvergütung nichttraditioneller Exporte)
CIPA	Centro de Investigación y Promoción Agraria (Zentrum für Agrarforschung und -förderung)
CISA	Consejo Indio de Sud América (Südamerikanischer Indianerrat)
COOPOP	Cooperación Popular (Volkszusammenarbeit, im Sinne von Basis entwicklung)
CORDES	Corporación Regional de Desarrollo (Regionale Entwicklungskörperschaft)
COFIDE	Corporación Financiera de Desarrollo (Finanzierungsagentur der staatlichen und privaten Gesellschaften in Peru)
COPESCO	Plan Turístico y Cultural Perú - UNESCO (Plan für die Zusammenarbeit in Kultur und Tourismus Peru - UNESCO)
CRYRZA	Comisión de Rehabilitación y Reconstrucción de la Zona Afectada (Kommission zum Wiederaufbau der vom Erdbeben betroffenen Zone)
D. L.	Decreto Legislativo (Gesetzesdekret)
D. S.	Decreto Supremo (Präsidialdekret)

FAO	Food and Agricultural Organization (Ernährungs- und Landwirtschaftsorganisation)
FDN	Fundación para el Desarrollo Nacional (Stiftung für die nationale Entwicklung)
GAE	Gesellschaft für Agrarentwicklung
GTZ	Deutsche Gesellschaft für Technische Zusammenarbeit
INADE	Instituto Nacional de Desarrollo (Nationales Entwicklungsinstitut)
INE	Instituto Nacional de Estadísticas (Nationales Statistikinstitut)
INFOR	Instituto Nacional Forestal y Fauna (Nationales Forst- und Faunainstitut)
INP	Instituto Nacional de Planificación (Nationales Planungsinstitut)
J.R.D.A.	Junta de Rehabilitación y Desarrollo de Arequipa (Rat für den Wiederaufbau und die Entwicklung Arequipas)
MITI	Ministerio de Indústria, Turismo e Integración (Ministerium für Industrie, Tourismus und Integration)
ORDEN	Oficina Regional de Desarrollo del Norte (Regionales Büro zur Entwicklung des Nordens)
ORDESUR	Oficina Regional de Desarrollo del Sur (Regionales Büro zur Entwicklung des Südens)
ONERN	Oficina Nacional de Evaluación de Recursos Naturales (Nationales Büro zur Evaluierung der natürlichen Ressourcen)
ORDEA	Organismo de Desarrollo de Arequipa (Entwicklungsorganisation für Arequipa)
ORDELORETO	Organismo de Desarrollo de Loreto (Entwicklungsorganisation für Loreto)
ORDEPUNO	Organismo de Desarrollo de Puno (Entwicklungsorganisation für Puno)

ORDESO	Organismo de Desarrollo del Sur (Entwicklungsorganisation für den Süden, für die Departamentos Apurimac, Cuzco und Madre de Dios)
ORDEZA	Organismo de Desarrollo de la Zona Afectada (Entwicklungsorganisation für die vom Erdbeben betroffene Zone, besonders des Departamentos Ancash)
PEPP	Proyecto Especial Pichis-Palcazú (Spezialprojekt Pichis-Palcazú)
PEPSA	Proyecto Especial Programa Sectorial Agropecuario (Spezielles Entwicklungsprogramm für den Bereich der Land- und Viehwirtschaft)
PLAN MERIS	Plan de Mejoramiento de Riego en la Sierra (Plan zur Verbesserung der Bewässerung in der Sierra)
PIL	Proyectos de Intéres Local (Projekte zur Lokalentwicklung)
REHATIC	Rehabilitación de Tierras Costeras (Wiedergewinnung von Land an der Costa - Mitte des Jahres 1985 existierten die Programme REHATIC I - III)
SENATI	Servicio Nacional de Adiestramiento de Industria y Turismo (Nationaler Ausbildungsdienst für Industrie und Tourismus)
SIDERPERU	Empresa Siderúrgica del Perú (Peruanische Eisenverhüttungsgesellschaft)
SINAMOS	Sistema Nacional de Apoyo a la Movilización Social (Nationales System zur Unterstützung der sozialen Mobilisierung)
SUDENE	Superintendencia do Desenvolvimento do Nordeste (Bundeskontrollamt für die Entwicklung des Nordostens in Brasilien)

Übersichtskarte Peru

1 EINLEITUNG UND ZIELSETZUNG DER ARBEIT

Mit der vorliegenden Arbeit soll das Konzept der regionalen Entwicklungsplanung als Mittel staatlicher Entwicklungspolitik in Peru untersucht werden.

Regionalplanung ist generell zu verstehen als ein Bündel von Maßnahmen, mit dem Ziel, der in der betreffenden Region[1] lebenden Bevölkerung bessere Lebensmöglichkeiten zu verschaffen (FUNDACION EBERT o.J., S. 9). Dabei muß es in erster Linie, und dies gerade in Ländern der Dritten Welt, um die Überwindung der regional entwicklungshemmenden exogenen und endogenen Faktoren gehen (HILHORST 1981). Gleichzeitig ist aber in Betracht zu ziehen, daß der Ansatz der Regionalentwicklung sich nicht nur auf die Arbeit in der jeweiligen Projektregion beschränkt, sondern auch als "Entwicklung für andere Regionen" konzipiert ist.

Da aber Entwicklungsplanung allgemein, und damit auch regionale Entwicklungsplanung als ein Teil derselben, nicht losgelöst vom geschichtlich-politischen Rahmen gesehen werden kann, soll durch die Darstellung wesentlicher Konzepte staatlicher Entwicklungsplanung in Peru die zunehmende Verfeinerung des Zielsystems und des dazu notwendigen Instrumentariums dargestellt werden. Ein derartige Analyse

---

1 Da es keine eindeutige und umfassende Definition des Begriffes "Region" gibt (vgl. BOUSTEDT 1975, S. 85; ANDRE 1972, S. 3), soll der Begriff auch in diesem Zusammenhang eine Form der räumlichen Beschreibung bleiben. Der Regionsbegriff kann jedoch weiter spezifiziert werden: homogene Region (vgl. BOUSTEDT 1975 oder LANGE 1970,) funktionale Region (vgl. LAUSCHMANN 1973, BARTELS 1970) Planungsregion (vgl. HEILAND 1968), um nur einige Beispiele zu nennen.

wird aber auch deutlich werden lassen, welcher politische und wirtschaftliche Spielraum in einem traditionell stark zentralistisch strukturierten Staat für die Realisierung eines solchen Ansatzes besteht.

Sowohl der Komplex der Zielformulierung als auch die Benennung des dazu notwendigen Instrumentariums sind auf die nationale (vgl. Kap. 4) wie auch auf die regionale Ebene zu beziehen. In einem physiogeographisch so unterschiedlichen Land wie Peru wird auf der regionalen Ebene eine weitere Untergliederung notwendig werden.

Entwicklungsplanung in Peru wurde und wird mit ausländischen Mitteln finanziert, so daß der angesprochene politisch-wirtschaftliche Spielraum nicht nur von innenpolitischen, sondern, und dies zeitweilig in erheblichem Maße (VELLINGA/KRUJIT 1984, S.90), auch von außenpolitischen Faktoren bestimmt wird und danach eindeutige Prioritäten gesetzt werden können. Daß es sich bei dem Problembereich der von ausländischen Krediten zum Teil im erheblichem Umfang getragenen Entwicklungspolitik nicht um ein spezifisch peruanisches Problem handelt, unterstrich Perus Präsident, Alan Garcia, mit dem von seinem Land einseitig verkündeten Moratorium der Schuldenrückzahlung (vgl. DIE ZEIT 9.8.1985) und der These, daß keines der übrigen lateinamerikanischen Länder die derzeitigen Auslandsschulden werde zurückzahlen können (vgl. DER SPIEGEL 7.10.1985).

Als wichtigster der außenpolitischen Faktoren ist diesbezüglich auf dem Subkontinent die zunehmende wirtschaftliche Expansion der Vereinigten Staaten (GREEN 1972, LIEUWEN 1973, SCHRÖDER o.J.) zu nennen.

Für Peru ist der Konflikt mit dem (privaten) Auslandskapital ein wesentlicher Auslöser für den Militärputsch des

2

Jahres 1968 (KAMPFMEYER 1977, S. 27ff.). Das Programm der peruanischen Generäle ist - auf der Basis seiner Zielsetzung beurteilt - sicherlich zu den umfassendsten und weitestgehenden Entwicklungskonzeptionen in Lateinamerika zu zählen.

Als eines der prioritären Ziele wird innerhalb der von der Militärregierung vorgelegten Entwicklungsplanung die Regionalplanung benannt.

Im Präsidentschaftswahlkampf 1985 wird von Alan Garcia die Dezentralisierung des Landes, die Schaffung von Regionalregierungen und die Priorisierung departamentaler, regionaler und lokaler Entwicklungsprogramme als wesentliche Entwicklungsstrategie bezeichnet (UNIVERSIDAD DEL PACIFICO/ FUNDACION EBERT 1985, S. 145). Da die innen- und entwicklungspolitische Relevanz dieses Themas nach wie vor gegeben ist, soll die Effizienz regionalplanerischer Maßnahmen unter den drei letzten Regierungen Perus (der ersten Regierungszeit Belaunde, der Militärregierungen, der zweiten Regierung Belaunde) analysiert werden. Dabei ist vorab zu bemerken, daß die Materialbasis desto geringer wird, je weiter man zeitlich zurückgeht.

Die Frage nach dem durch die regionalplanerischen Maßnahmen tatsächlich Erreichten bzw. die Diskrepanz zwischen theoretischem Anspruch und praktischer Umsetzung sollte, aufbauend auf der bezüglich einer regional orientierten Entwicklung als "fördernd" bzw. "hemmend" einzustufenden Ursachen der jeweiligen Planungen, Ansatzpunkte zu Verbesserungen der in Peru nach wie vor politisch aktuellen Konzeption der Regionalentwicklung ergeben.

3

2   GRUNDLEGENDE KONZEPTE REGIONALER ENTWICKLUNGS-
PLANUNG IN PERU BIS 1968

2.1   Regionale Großprojekte unter Einbeziehung der
Entwicklungs- und Wachstumspolkonzeption

Als einer der ersten Versuche, einen regional orientierten
Entwicklungsplan in die Praxis umzusetzen[1], kann in Peru
der "Plan Regional para el Desarrollo del Sur" gelten. Die
Aufstellung eines Entwicklungsplanes für die Südregion[2] er-
hielt einen wesentlichen Anstoß durch die extreme Trocken-
heit der Jahre 1955-1957 und durch das Erdbeben im Januar
1958 mit den daraus resultiernden Problemen[3]. Der genannte
Entwicklungsplan wird von dem Unternehmen "Servicio Cooperativo Interamericano del Plan del Sur" erarbeitet und zwei
Jahre später vorgelegt[4]

1 Zum Begriff der Regionalplanung in der Dritten Welt und begrifflich
ähnlicher Formen, die wesentliche Grundstrukturen beinhalten vgl.
KUNZMANN 1982, S. 280ff. (Regionale Aktionsplanung), SASSENFELDT
1977, S. 13 (Regionalpolitik) oder GESELLSCHAFT FÜR TECHNISCHE
ZUSAMMENARBEIT (GTZ) 1983 (Ländliche Regionalentwicklung).

2 Der Entwicklungsplan für die Südregion schloß die Departamentos
Apurimac, Arequipa, Ayacucho, Cuzco, Madre de Dios, Moquegua, Puno
und Tacna ein.

3 Naturkatastrophen als Ansatzpunkt einer regional orientierten Entwicklungsplanung stellen keinen Einzelfall dar. Zur "regionalen
Krise" im peruanischen Süden vgl. ZARAUS 1984, S. 15. Im Jahr 1959
wurde nach einer Dürrekatastrophe im brasilianischen Nordosten die
"Superintendencia de Desenvolvimiento do Noreste" (SUDENE) gegründet, vgl. MAUS 1979, ROTT 1981. Zur Planung im Erdbebengebiet in
Nordperu nach 1970 vgl. PLAN DEL PERU, VOL. XII.

4 Ob der Entwicklungsplan im Staatsauftrag erstellt wurde, geht aus
den zur Verfügung stehenden Unterlagen nicht hervor. Allgemein ist
festzustellen, daß über viele Maßnahmen nur unklare Vorstellungen
bestanden, was sich in ihrer fast gänzlich fehlenden räumlichen Lokalisierung widerspiegelt.

Aufbauend auf der Feststellung, daß eine allgemeine Dezentralisierung der Entscheidungsstrukturen unumgänglich sei,
wird ein grundlegender Impuls für die Entwicklung der Südregion in der Neuerschließung von Bewässerungsland an der
Küste, z.B. das Projekt Majes-Sihuas, gesehen.

Im Sinne der Definition von JARRIN (1981) und BODEMEYER
(1981) sind die in dem vorliegenden Material angesprochenen
Maßnahmen als Dekonzentration zu bezeichnen (Auslagerung
von der Zentralregierung weisungsabhängiger Stellen). An
begleitenden Maßnahmen - aber nicht nur auf die Costa beschränkt - ist unter anderem. der Aufbau eines Systems für
"überwachte Kredite", ein landwirtschaftlicher Bera-
tungsdienst, Hilfen für die Vermarktung und der Aufbau eines Erziehungssystems geplant (PLAN REGIONAL PARA EL
DESARROLLO DEL SUR, S. I-X).

Eine Parzellierung des Großgrundbesitzes zur Verminderung
des im Entwicklungsplan angesprochenen Problems des "Bevölkerungsdrucks" steht nicht zur Debatte, da mit den Ha-
cienden der einzig stabilisierende Faktor in der Region
verschwände. Es wird lediglich eine Steuer für ungenutztes
Land in Betracht gezogen.

Darüber hinaus findet in diesem Zusammenhang aber auch die
Agrarkolonisation des östlichen Tieflandes Eingang in die
Entwicklungsplanung für die Südregion. Durch die Einrichtung von "Propagandabüros" soll diese Bewegung in das Departamento Madre de Dios und in die Provinz La Convención
(Departamento Cuzco) gelenkt werden. Dabei ist "gelenkt"
lediglich als eine grobe Orientierung der Migranten zu verstehen, nicht mit "gelenkter Agrarkolonisation" zu verwechseln.

Einen weiteren Entwicklungsimpuls und einen Beitrag zur
Verminderung des Bevölkerungsdrucks verspricht man sich von

der Stimulierung der Stadtentwicklung und der Industrialisierung. Dabei wird einerseits der Gedanke wieder aufgenommen, Arequipa zu einem Wachstumspol[5] für die gesamte Südregion auszubauen[6], andererseits aber auch festgestellt, daß
die beabsichtigte Stadt- und Industrieentwicklung nicht in
den bereits "gesättigten Zonen ", sondern in Mittelstädten
der Südregion geplant ist. Weder die "gesättigten Zonen"
noch die Mittelstädte sind näher bezeichnet.

Mit Hilfe gezielter Industrieansiedlungen oder im Fall Arequipas des Industrieausbaus sollen also positive Entwicklungsimpulse für das Umland erreicht werden. Detaillierte
Maßnahmen zur Implementierung sind aus dem vorliegenden Material nicht ersichtlich.

Der "Regionale Entwicklungsplan für die Südregion" könnte
als eine reduzierte Übernahme der Grundgedanken des Wachs-
tumspolkonzeptes interpretiert werden. Dabei steht aber weniger die exakte Planung als eher der Wunsch einer solchen
Entwicklung im Vordergrund, da trotz verschiedene als Ent-
wicklungshemmnisse identifizierter Faktoren[7] gefolgert
wird, daß vor allem die geplante Industrieansiedlung er-

---

5 Die Begriffe "Wachstumspol" und "Entwicklungspol" sollen im folgenden gleichgesetzt werden. Zur theoretischen Aufarbeitung eines
Wachstumspol-Konzeptes vgl. SCHILLING-KALETSCH 1976, S. 7ff. und
24ff. Bezüglich der Stadtentwicklung und Industrialisierung trifft
die bereits getroffene Feststellung der fehlenden Lokalisierung zu.

6 Bereits 1933 vertritt V.E. BELAUNDE die Ansicht, Arequipa könne das
Katalanien Perus werden (vgl. FLORES GALINDO 1977, S. 133f.). V.E.
Belaunde ist nicht mit Fernando Belaunde Terry, dem peruanischen
Präsidenten von 1963 bis 1968 und 1980 bis 1985 zu verwechseln.

7 Genannt wurden z.B.: geringes Ausbildungsniveau des technischen und
administrativen Personals, der Tatbestand, daß die Region selbst
kaum Investitionskapital erwirtschaftete sowie die geringe lokale
Nachfrage.

folgreich verlaufen müsse, da auch andere Länder diese Hindernisse überwunden hätten[8].

Abgesehen von dem bisher Erwähnten ist aber festzuhalten, daß es in Arequipa früher als im übrigen Peru zur Gründung einer regionalen Planungsbehörde kommt[9]. Damit wird auf institutioneller Ebene eine wichtige Voraussetzung einer funktionsfähigen Regionalplanung geschaffen (vgl. zu Fragen der Entwicklungskorporationen STUDER 1980a/b).

Die spätere Gründung der "Oficina Regional de Desarrollo del Sur" (ORDESUR) geht auf lokale Initiative zurück (STÖHR 1972, S. 100); eine zentralstaatliche Einwilligung kann aber angenommen werden.

Vor dem Hintergrund der traditionell regionalistischen Tendenzen der Arequipeños ließe sich die Gründung der ORDESUR als eine bewußte Stärkung des Selbst- und Führungsbewußtseins Arequipas von seiten der Zentralregierung interpretieren.

Der Gedanke, mittels einer Industrialisierung in der Südregion einen Entwicklungsprozess zu initiieren, wird unter der ersten Regierung Belaunde erneut aufgenommen. Im Jahr 1964 verabschiedet die peruanische Regierung die gesetzliche Grundlage zum Aufbau des Industrieparks Arequipa (SOUTHERN CALIFORNIA LABORATORIES OF STANDFORD RESEARCH IN-

---

8 Als Beispiel werden Japan und die Schweiz verwendet (vgl. PLAN RE-
    GIONAL ...S. XII). Selbst einer vorherrschenden Meinung von der
    Planbarkeit jeglichen Fortschrittes sollte klar geworden sein, daß
    diese beiden Staaten von völlig unterschiedlichen Voraussetzungen
    ausgehen konnten und deren Entwicklungswege nicht ohne weiteres
    übertragbar waren.

9 Die "Junta de Rehabilitación y Desarrollo de Arequipa" (J.R.D.A.)
    wurde mit dem Decreto Ley (D.L.) 12972 am 7.3.1958 gegründet (vgl.
    ZARAUS 1984, S. 15f.). Die ORDESUR wurde 1966 in Arequipa gegründet
    (vgl. WALLER 1971).

STITUTE 1964). Eingeweiht wird dieser Industriepark jedoch
erst 1966 (vgl. ZARAUS 1984, S. 30).

Auf allgemeine Grundüberlegungen zur Einrichtung eines Industrieparks soll hier nicht eingegangen werden (vgl. dazu
wie auch zu einer allgemeinen Definition HÜTTERMANN 1978,
S. 223-240). Die Feasibility-Studie für den Industriepark
Arequipa kommt zu dem Schluß, daß das Projekt dem Ziel der
industriellen Dezentralisierung gerecht werde, die räumlich
konzentrierte Förderung der Klein- und Mittelindustrie[10]
ein für Entwicklungsländer gangbarer Weg zu Industrie-
wachstum und Dezentralisierung darstelle, eine Nachfrage
für derart ausgewiesene Gewerbeflächen auch gerade in
Arequipa vorhanden sei und dort zudem eine relativ gute
Verkehrsinfrastruktur bestehe. Darüber hinaus werden die
Energiereserven als langfristig gesichert eingeschätzt
(vgl. SOUTHERN CALIFORNIA LABORATORIES ... 1964).

Die bisherige Entwicklung hat weder auf nationaler Ebene
noch bezogen auf das Departamento Arequipa die in den Industriepark Arequipa gesetzten Hoffnungen erfüllen können.
Ein Grund für dieses Ergebnis kann darin gesehen werden,
daß es sich um räumlich begrenzte Sektorprogramme handelt,
die von ungenauen, zumeist sehr optimistischen Prognosen
hinsichtlich der Verfügbarkeit benötigter Ressourcen und
auch der zu erwartenden Nachfrage ausgehen.

Trotzdem hat das Industrieparkkonzept während der zweiten
Regierung Belaunde wieder an Bedeutung gewonnen (CORDE-
AREQUIPA 1983).

---

10 Gemessen an der prozentualen Wertschöpfung im Industriesektor des
Departamentos Arequipa sind der Industriepark, und dort die Klein-
und Mittelbetriebe (für eine Klassifizierung der Betriebe vgl. ZA-
RAUS), deutlich hinter den transnationalen Unternehmen
zurückgeblieben (besonders Leche Gloria).

Abschließend ist im Zusammenhang mit regionalen Großprojekten in Peru der Anfang der 60er Jahre von einer amerikanischen Consulting aufgestellte "Peru-Via-Plan zu erwähnen (zur Lage vgl. Karte 1)[11].

Hauptziel ist die integrierte Entwicklung der Zentrumsregion. Auf der Basis eines Energie-, eines Straßen- sowie eines Kolonisationsplanes sollte als "Krönung" (MERCK 1961) die Stadt Peruvia entstehen. Im Gegensatz zu vielem ist die Lage des städtischen Zentrums äußerst exakt bestimmt (400 km östlich von Lima, in 2.000 m., bei 12⁰ südlicher Breite und 73[45] Minuten westlicher Länge, vgl. MERCK 1961). Es ist jedoch nicht, wie zum Beispiel bei Brasilia, an eine neue Hauptstadt, sondern an ein Industriezentrum am Andenostabhang gedacht[12].

Kaum eine der für alle Wirtschaftsbereiche hochgesteckten Erwartungen (die Erschließung neuer Bergbau- und Erdölförderungszonen, die Schaffung von 1,5 Mio. ha Ackerland, der Aufbau eines nationalen Verkehrsknotenpunktes, vgl. dazu

---

11 WALLER 1971 in Anlehnung in BRYCE, MURRAY 1960. Der "Peruvia-Plan" bei JÜLICH (1975, S. 134) ist damit identisch. Vom "Peru-Via-Plan" selbst liegen keine Unterlagen vor, eine Bewertung ist so, sicherlich nicht immer vollständig und dem Plan gerecht werdend, nur auf der Basis von Sekundärliteratur möglich.

12 Es werden lediglich die zu gründenden Industriebranchen aufgeführt. Probleme der Rohstoffbeschaffung, der Arbeitskräfte oder der Marktverflechtungen bleiben ausgespart, vgl. MERCK 1961, S. 15ff.: Sofern nicht ausdrücklich anders erwähnt, dient diese Quelle auch für das Folgende.

Karte 1: Die Lage des Peruvia-Projektgebietes

Projektgebiet

Quelle:
Eigene Darstellung nach Angaben von MERK 1961, S. 15.

MERCK 1960) ist realisiert worden. Einzig sichtbares Ergebnis dieses groß konzipierten Entwicklungsvorhabens bleibt
ein kleines Agrarkolonisationsprojekt am Rio Apurimac (vgl.
WALLER 1971, SCHUURMAN 1980)[13]

Zentrales Problem ist für die mit der Konzeption des Peru-
Via-Plans Befassten die möglichst günstige Kombination der
im ausreichenden Maß vermuteten natürlichen Ressourcen.

---

13 Die Energieerzeugung am Mantaro-Fluß hat nach wie vor einen hohen
   Stellenwert in der staatlichen Entwicklungsplanung. Dies unterstreicht der Bau zweier großer Wasserkraftwerke: Mantaro und Restitución (vgl. Kap. 3.3 und 4.2). Die Stromerzeugung dient jedoch in
   erster Linie der Versorgung Limas und darüber hinaus im geringen
   Maße dem Energiebedarf der Minen im Departamento Junin (persönliche
   Informationen von Herrn DE LA PUENTE, COFIDE, 19.8.1986).

Ohne detaillierte Vorstudien[14] werden die Bedingungen als günstig angesehen, so daß man von einem Sickereffekt auf das Umland und andere Regionen Perus ausgeht[15].

Die Bewertung "...die Größe des Entwurfs begeistert und reißt mit" (MERCK 1961, S.16) unterstreicht, daß der Peru-Via-Plan von einer Entwicklungsideologie bestimmt ist, die technische Machbarkeit in den Vordergrund stellt und die Übertragung eines in Europa oder den USA entwickelten Konzeptes in die Dritte Welt als selbstverständlich ansieht.

Die Durchführungsphase wird insgesamt kaum gestaltet, so daß keines der Ziele annähernd erreicht wird.

Die in der UN-Resolution 1708 vom 19.12.1961 ausgedrückte Überzeugung, daß eine an die speziellen Bedürfnisse der Länder angepasste Verbesserung der Produktionstechniken notwendig sei (SANDT 1969, S. 15), blieb so nur eine wohlgemeinte Absichtserklärung.

---

14 Auch wenn keine Primärquellen zu dem Peru-Via-Plan vorliegen, hätten genauere Vorstudien als Ergebnis zeigen müssen, daß es in dem betreffenden Gebiet keine reichen Erdölquellen gibt, der Infrastrukturausbau sehr problematisch sein kann. Selbst die Unterhaltung einer so wichtigen Straße wie die Carretera Central (Lima-La Oroya-Huancayo) ist zur Zeit nicht ganzjährig gesichert.

15 Möglich sollte dies über die noch zu erstellenden Verkehrswege und die damit verbundene Entstehung von Entwicklungsachsen sein. Der "gedankliche Vater" des Peru-Via-Projektes, der ehemalige Entwicklungsminister Rizo Padron (nicht identisch mit der in Kap. 3.3 zitierten Person), charakterisiert die Entwicklungsideologie: "Ein modernes Essen als Herzstück des peruanischen Ruhrgebietes, das soll Peruvia einmal sein" (zitiert nach MERCK 1961, S.15).

2.2   Regionalentwicklung durch landwirtschaftliche
           Großprojekte: Beispiele aus dem Costa-Bereich

Unter dieser Überschrift sollen die mit beträchtlichem
technischen Aufwand durchgeführten bzw. noch in der Durchführung befindlichen Bewässerungsprojekte an der peruanischen Costa verstanden werden (vgl. Kap. 4.4.1).

In Verbindung mit dem nachfolgenden Beispiel "Tinajones"
(Departamento Lambayeque) bleibt jedoch festzuhalten, daß
bei dem Modell landwirtschaftlicher Großprojekte nicht von
einer kontinentalen Entwicklungsstrategie gesprochen werden
kann[16], wenn auch einiges aus der Konzeption an der perua-

---

16 Dem Begriff kontinentale Entwicklungsstrategie liegt der Gedanke zu
   Grunde, daß bestimmte Konzeptionen, zum Beispiel regionale Großprojekte (vgl. Kap. 2.1) oder Agrarkolonisation (vgl. Kap. 2.3) in
   mehreren lateinamerikanischen Staaten zu bestimmten Zeitepochen in
   der Entwicklungsplanung dominierten. Damit ist aber keine länder-
   übergreifend-gemeinsame, z.B. durch internationale Vereinbarungen
   entstandene Strategie gemeint. Die Bewässerungsprojekte in der ariden peruanischen Küstenzone finden aus naturräumlichen bzw. ökologischen Sachverhalten keine Entsprechung im übrigen Südamerika. Die
   einzige physiogeographisch ähnlich Region, die nordchilenische Wü-
   ste, weist kaum von den Anden zum Pazifik entwässernde Flüsse auf,
   so daß in dieser Region eher von Einzelmaßnahmen im Landwirtschaftssektor (z.B. die Olivenkulturen im Azapa-Tal bei Arica) als
   von einer staatlichen Entwicklungsstrategie gesprochen werden
   sollte. Zu etwa zeitgleich entwickelten Konzeptionen, allerdings in
   einer physiogeographisch unterschiedlichen Region vgl. INSTITUTO
   COLOMBIANO DE REFORMA AGRARIA (INCORA) 1968, 1969 mit Studien zur
   "Cuenca Saldaña".

nischen Küste sich in der "Desarrollismo-Konzeption" wiederfindet[17].

Die Anfänge der Entwicklungsplanung im Bereich der Bewässerungslandwirtschaft an der peruanischen Costa sind nicht ganz exakt zu fassen[18]. Im Gebiet von Tinajones (vgl. auch Karte 2), das sowohl zeitlich als auch konzeptionell am weitestgehenden in den Rahmen des "Desarrollismo" paßt[19], werden erste Arbeiten bereits im Jahr 1956 mit US-amerikanischer Hilfe durchgeführt und dabei der Chontano-Fluß in den Chancay umgeleitet (MONHEIM 1972, S. 171ff.).

Das Tinajones-Projekt läßt sich in fünf Hauptphasen einteilen (GESELLSCHAFT FÜR AGRARENTWICKLUNG (GAE), 1983 für unterschiedliche Phaseneinteilungen vgl. BUCH 1964, URBAN 1985).

Während der ersten Phase, also ab 1967, standen Pläne zur Verbesserung der Agrarstruktur und der effektiveren Wassernutzung in dem durch die traditionelle Intensivlandwirtschaft geprägten Gebiet im Vordergrund. Verhinderten auch

---

17 "Desarrollismo" ist ein Entwicklungskonzept aus den 50er und 60er Jahren (vgl. auch PREBISCH 1949, 1963), das nur wenig, oft zudem nur von Kritikern dieser Konzeption definiert wurde. Seine wesentlichen Charakteristika lassen sich beschreiben mit: eine ökonomische Modernisierungsstrategie, deren tragende Rolle dem Staat zugedacht worden war. Es ist eine Strategie des "ungleichgewichtigen Wachstums" (vgl. zu dieser These HIRSCHMANN 1967, 1972, die auch mit ausländischen Geldern finanziert wird. Entwicklung wurde oft gleichgesetzt mit Wirtschaftswachstum (vgl. BENEKE 1983, S. 197ff.; CORNELIUS/TRUEBOLD 1975; MOHR 1975). "Desarrollismo" ist eine typisch lateinamerikanische Entwicklungskonzeption.

18 Mit den ersten Studien zum Majes-Projekt wurde bereits 1945/46 begonnen, vier Jahre später von der "Kommission für die Entwicklung von Majes" erste Ergebnisse vorgelegt, vgl. MINISTERIO DE AGRICULTURA 1977.

19 Diese Wertung soll für die Anfangszeit des Projektes stehen. Das Tinajones-Projekt erfuhr später konzeptionelle Modifizierungen, vgl. GAE 1983 oder GARBRECHT 1972.

fehlende gesetzliche Grundlagen Maßnahmen zur Agrarstrukturverbesserung (GAE 1983, S. 6), bleibt doch festzuhalten, daß die Konzeption einer besseren Verteilung und effektiveren Nutzung des Wassers vor allem die leistungsfähigen und erfolgreich wirtschaftenden Groß- betriebe (KAU 1961) in den günstigen Lagen am oberen Talabschnitt bevorzugen mußte (vgl. Karte 3).

Auf Grund der besseren Böden und des leichteren Zugangs zu Kapital mußte auch absehbar sein, daß die Großgrundbesitzer in erster Linie von den weiteren Entwicklungsmaßnahmen (zum Beispiel: Nivellierung der Kulturflächen, Bodenmelioration, BUCH 1964, S. 8) profitieren würden.

In der zweiten (1970-1973) und besonders in der dritten Projektphase (1973-1976) rücken die Erstellung der wesent- lichen wasserbaulichen Maßnahmen (Tinajones-Speicher, Taymi-Kanal, Chontanotunnel, vgl. Karte 2) in den Mittel- punkt. Der Bau der Bewässerungsstation wird abgeschlossen (GAE 1983, S. 30).

In dieser Zeit, dies soll hier nur am Rande erwähnt werden, treten Verzögerungen bei der Projektdurchführung durch die politischen Veränderungen im Zuge der Agrarreform auf (MON- HEIM 1972, S. 196ff.; GAE 1983, S. 64).

Dazu kommen Probleme technischer und ökologischer Natur (vgl. zu den Fehlern bei der Bauausführung des Chontanotun- nels KAU 1961).

Seit 1976 (4. Projektphase) werden die Versalzungserschei- nungen quantifiziert (nach URBAN 1985 weisen im Jahr 1975 42 % der Flächen schwere Versalzungserscheinungen auf) und finden in der 5. Projektphase Eingang in die Projektplanung (GAE 1983, S. 9).

16

Karte 2: <u>Geplante Baumaßnahmen im Tinajones-Gebiet</u>

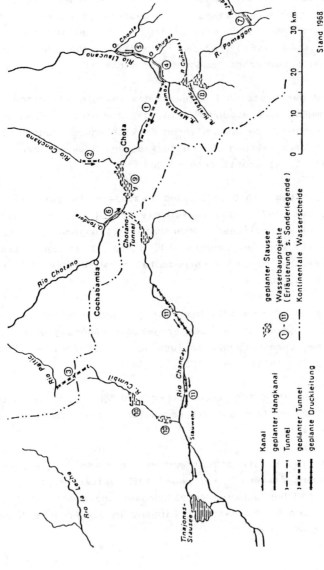

Kanal
geplanter Hangkanal
Tunnel
geplanter Tunnel
geplante Druckleitung

geplanter Stausee
①-⑪ Wasserbauprojekte (Erläuterung s. Sonderlegende)
Kontinentale Wasserscheide

Stand 1968

Quelle:
MONHEIM 1972, S. 172.

Karte 3: <u>Bewässerung und Arten der Landnutzung im Tinajones-Gebiet</u>

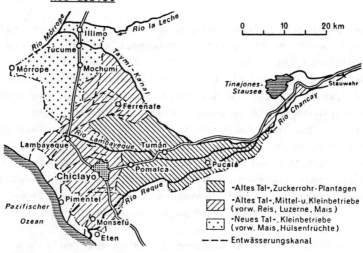

Quelle:
MONHEIM 1972, S. 169.

Bei einer kurzgefassten Beurteilung des Tinajones-Projektes als einem Beispiel einer räumlich begrenzten, stark sektoral ausgerichteten Planung, muß zwischen der Erarbeitung der Konzeption in den 60er Jahren (BUCH 1964, KAU 1961) und der Implementierung des Großteils der Arbeiten in den 70er Jahren unterschieden werden. Von Interesse ist in diesem Zusammenhang die anfängliche Konzeption, wobei aber nicht vergessen werden darf, daß während der Projektimplementierung wesentliche Veränderungen vorgenommen wurden (GAE 1983, S. 65ff.).

In den 60er Jahren wird der Wirkungsgrad der wasserbaulichen Maßnahmen fast ausschließlich auf die Großpflanzungen bezogen. Hauptziel ist die Produktionssteigerung mit Hilfe

17

besserer Inputs, also in diesem Fall verbessertem Wasser-
dargebot.

Die geplanten Ertragssteigerungen in der Landwirtschaft
sollen auch (nicht näher beschriebene) soziale Spannungen
ausgleichen (BUCH 1964, S. 36ff.). Man geht also von der
Überlegung aus, daß ein begrenzter Impuls ("begrenzt" durch
die Lagegunst der Großbetriebe) selbständige regionale
Entwicklungseffekte erzeugt. Diese Überlegung läßt sich
fast nahtlos in HIRSCHMANN's Strategievorschlag einpassen
(vgl. HIRSCHMANN 1967; zu einer Aufarbeitung seiner Theorie
vgl. SCHILLING-KALETSCH 1976, S. 27ff.), in den Entwicklungsländern zuerst die "Aktivregionen" zu stärken (ergänzt
werden müßte in diesem Zusammenhang noch "Aktivsektoren"),
von denen dann Sickereffekte erwartet werden können.

Die Kalkulationen über den Projekterfolg bleiben in dieser
Zeit stark am Wirtschaftswachstum orientiert (BUCH 1964, S.
8). Dieses muß sich in der Projektkonzeption fast
zwangsläufig auf wenige Betriebe konzentrieren. Maßnahmen,
die dem Aufbau einer regionalen Infrastruktur oder der Entwicklung einer weiterverarbeitenden Industrie dienen, fehlen in der ursprünglichen Projektkonzeption.

Mit dem Tinajones-Projekt wird zu Anfang der 60er Jahre ein
räumlich begrenzter Entwicklungsimpuls (also für den südlichen Teil des Departamentos Lambayeque) gesetzt. Aus den
Forderungen von FRIEDMANN (1972) an einen Regionalentwick-
lungsansatz ist lediglich der Bereich einer Standorttheorie
berücksichtigt, die darüber hinaus auf die Förderung eines
Subsektors (Intensivlandwirtschaft) reduziert ist.

18

2.3   Das Konzept der Neulandgewinnung durch Agrar-
           kolonisation

2.3.1   Stellenwert der Agrarkolonisation und allgemei-
           ne Ausprägungsformen

Versuche, das Amazonastiefland zu kolonisieren, beschränken
sich in der Anfangszeit im wesentlichen auf eng umgrenzte,
besonders von den Franziskanern getragene Siedlungsversuche
(zum Beispiel die Gründung von Moyobamba, vgl. RUMRRILL
1984, S. 15ff., 59) oder punktuelle Erschließung infolge
des Kautschuk-Booms Ende des 19. Jahrhunderts (RUMRRILL
1984, S. 22ff., 64ff.).

Ein staatliches Interesse an der Besiedlung Amazoniens läßt
sich verschiedentlich schon im 19. Jahrhundert nachwei-
sen[20], doch der erste systematische Ansatz zur Abschätzung
der Kolonisationsmöglichkeiten wird mit dem "Indicative
World Plan" der "Food and Agriculture Organization " der
UNO (FAO) erst relativ spät, im Jahr 1968, vorgelegt
(NELSON 1973, S.8).

Auf der politischen Ebene kann als wichtiger, die staatliche Agrarkolonisation fördernder Faktor, die als "Carta von
Punta del Este" bekanntgewordene Abschlußerklärung der Organisation amerikanischer Staaten (OAS) aus dem Jahr 1961
gewertet werden. Grundlegende Anstöße für diese Erklärung -

---

20 Als bekanntestes Beispiel für Peru mag Pozuzo in der zentralen Ceja
   de Selva Perus stehen. 1854 wurde der Vertrag über die Ansiedlung
   von 10.000 deutschen Siedlern von der peruanischen Regierung unter-
   zeichnet. Drei Jahre später erreichte die erste, zahlenmäßig unbedeutende Gruppe das heutige Pozuzo. Weitere Siedlergruppen trafen
   nicht ein, vgl. DIONISO 1967, MAAS 1969. Bezüglich früher Siedlungsversuche im Huallaga-Tal vgl. JÜLICH 1975.

die kubanische Revolution[21] sowie lokale Guerillatätigkeit und/oder Landinvasionen (FUHR 1979, S. 84) – sind bereits verschiedentlich diskutiert worden (SANDNER/STEGER 1980, HEUER/OBERREIT 1981), so daß in diesem Zusammenhang nicht näher darauf eingegangen wird.

Es soll jedoch an dieser Stelle festgehalten werden, daß der Inhalt der "Carta von Punta del Este" eine Willenserklärung der Mitgliedsstaaten darstellt, Agrarreformen[22] durchzuführen, über die Vorgehensweise jedoch nichts ausgesagt wird.

Da strukturelle Maßnahmen zur Verbesserung der Landbesitzverhältnisse und, daraus resultierend, auch zur Schaffung von Arbeitsplätzen in den altbesiedelten Räumen (in Peru also die Sierra, besonders die Departamentos Ancash, Apurimac, Ayacucho, Huancavelica, Cuzco und Puno, vgl. GAITSCH 1979, S. 12) aus politischen Gründen nicht zur Debatte stehen, versucht man, mit der Lenkung des Arbeitskräfteüberschusses (für die strukturbedingten Ursachen des Arbeitskräfteüberschusses vgl. FEDER 1980, S. 340) in die "leeren Räume" des Amazonastieflandes ein Ventil zu schaffen.

Die eigentlichen Problemgebiete sind jedoch in allen südamerikanischen Staaten die Altsiedelländer. Diese Gebiete, in der Regel auch die Quellregionen der Migranten in die jeweiligen nationalen Metropolen, werden bei dem Konzept der Agrarkolonisation nicht in die Planung einbezogen (zu

---

21 Zur kubanischen Revolution und deren Zusammenhang mit den Zielen der US-Außenpolitik in Lateinamerika vgl. LIEUWEN 1963, GREEN 1972, SANDNER/STEGER 1980.

22 Grundsätzlich lassen sich strukturelle, konventionelle und marginale Agrarreformen unterscheiden, GAITSCH 1979, S. 42. Modelle der Agrarkolonisation werden allgemein unter dem Begriff "marginale Agrarreformen" zusammengefasst.

einer Darstellung dieser Problematik im brasilianischen
Nordosten vgl. MAUS 1979, HOLZBORN 1978).

Formen der Agrarkolonisation sind bereits vielfach analysiert worden. Als Gliederungsschema soll nachfolgend das
Ordnungsmuster NELSONs (1973) verwendet werden[23]. Agrarkolonisation läßt sich demnach in folgende Grundtypen gliedern:

1. Gelenkte Kolonisation: Sie ist gekennzeichnet durch ein
   hohes Maß an Regierungskontrollen bezüglich der Größe
   und Lage der Parzellen, der Nutzbarmachung, der Anbaumu-
   ster, des Managements, der Verfügbarkeit von Land und
   der genossenschaftlichen Organisation sowie des Siedler-
   beitrags zu gemeinschaftlichen Aktivitäten. Möglich ist
   diese Form nur in völlig unerschlossenem Land.

2. Semigelenkte Kolonisation: Es gibt spezielle Beratungs-
   programme und Regierungsinvestitionen für die bereits
   ansässigen Siedler. Die Produktion soll verbessert und
   Anreize für die spontane Kolonisation in peripheren Gebieten geschaffen werden.

3. Ausländische Kolonisationstätigkeit: Kontrollen bestehen
   in der Regel bezüglich der Aufteilung und Verfügbarkeit
   des Landes, des Wohnens auf den eigenen Parzellen und
   der Akkumulierung von Land. Gemessen am Beitrag zur Erschließung des tropischen Tieflandes ist diese Form der

---

23 Für eine Analyse der Kolonisation im Amazonastiefland vgl. auch
SCHUURMAN 1980, der im wesentlichen zwischen "gelenkter" und "spon-
taner" Kolonisation unterscheidet. Gelenkte Kolonisation zeichnet
sich dadurch aus, daß der größte Teil der Siedler (nach SCHUURMAN
bis zu 86 %) in relativ kurzer Zeit wieder abwandert, während der
Prozentsatz bei der spontanen Kolonisation bei 15 % liege.

Kolonisation von untergeordneter Bedeutung (NELSON 1973, S. 116)[24].

4. Private Erschließungstätigkeit: Im Gegensatz zu der von NELSON (1973) getroffenen Feststellung, gewinnt der private Sektor als Träger der Erschließung Amazoniens mehr und mehr an Bedeutung (KOHLHEPP 1983). Die ersten derartigen Kolonisationsversuche wurden bereits in den 20er Jahren in Brasilien unternommen (NELSON 1973, S. 121ff.). In den 70er Jahren verstärkte sich aber nicht nur die Tätigkeit des Privatsektors sondern wuchs auch sein Aktionsspielraum gegenüber den regionalen Planungsbehörden in Brasilien deutlich (KOHLHEPP 1983, S. 180ff.). In Peru trifft dies nur auf das Tournavista-Projekt zu (NELSON 1973, S. 129ff.).

5. Weidewirtschaftsprogramme: In erster Linie handelt es sich dabei um Rinderweidewirtschaftsprojekte. Diese Konzeption für die Entwicklung Amazoniens hat bereits eine längere Geschichte, auf die in diesem Zusammenhang nur verwiesen werden soll (vgl. WILHELMY 1966, BRÜCHER 1970, NELSON 1973, S. 131, KOHLHEPP 1978 und DER SPIEGEL 1983). Die Problematik dieser extensiven Nutzung Amazoniens durch die Rinderweidewirtschaft wird aber in mehrfacher Hinsicht kontrovers beurteilt: Zum Beispiel die Schaffung von Arbeitsplätzen, ökologische Folgewirkungen, Abhängigkeit von der Preisentwicklung auf dem Welt-

---

24 Ausländische Kolonisationstätigkeit existiert zum Beispiel in San Juan de Okinawa/Bolivien, Filadelfia/Paraguay (vgl. NELSON 1973, S. 116ff.), in der zentralen Ceja de Selva Perus durch Chinesen (NELSON 1973, S. 119ff.) und in der "deutschen Kolonisation" von Pozuzo (MAAS 1969, S. 135ff.). Es sind Kolonistengruppen, die jeweils gemeinsame soziale und geographische Merkmalskriterien haben (vgl. dazu auch JÜLICH (1975) mit dem Beispiel der Produktionsgenossenschaft "Piura" am Alto Huallaga). Nichts mit der beschriebenen ausländischen Kolonisationstätigkeit zu tun haben Erschließungsmaßnahmen nach dem Muster des Jari-Projektes (vgl. KOHLHEPP 1983, S. 185), da sie mit massivem Kapital- und Technologieaufwand betrieben werden, und es sich darüber hinaus nicht mehr um Agrarkolonisationsprojekte im Sinne von reiner landwirtschaftlicher Nutzbarmachung handelt.

markt. Verglichen mit Brasilien haben spezielle Rinder weidewirtschaftsprogramme in Peru keine hohe Bedeutung[25].

6. Die spontane Agrarkolonisation ist unbestritten ein wichtiger Grundtyp der Agrarkolonisation. Da in diesem Zusammenhang aber in erster Linie geplante staatliche Entwicklungsstrategien interessieren, soll die spontane Agrarkolonisation hier nicht näher berücksichtigt werden.

Allgemein ist zu der verwendeten Klassifizierung anzumerken, daß nicht immer eindeutige Kriterien verwendet werden, so auch Überschneidungen zwischen den einzelnen Typen möglich sind, dieses Schema also noch weiterzuentwickeln ist.

Wesentliche Ziele der Entwicklungspolitik in Amazonien waren immer die Extraktion natürlicher Ressourcen und die Ansiedlung der bäuerlichen Bevölkerung aus den Altsiedelländern. Damit wurde dort der soziale Druck vermindert (vgl. Kap. 2.1). Agrarkolonisation hatte also vor allem eine "Ventilfunktion" für andere Regionen des Staatsgebietes. Diese Entwicklung beschränkt sich nicht nur auf Peru. In Peru fehlte und fehlt zum Teil noch immer im Zusammenhang mit der Agrarkolonisation die Perspektive einer langfristigen Nutzung in den Strategien zur Erschließung Amazoniens. Eine Reihe der heutigen mit der Agrarkolonisation verbundenen Probleme ist darauf zurückzuführen.

---

25 Über die lokale Bedeutung hinausgehende Projekte in diesem Bereich dürften lediglich die im MINISTERIO DE AGRICULTURA (1984, S. 12ff.) im Tätigkeitsbericht für das Departamento Loreto beschriebenen Maßnahmen sein. Eine 1975 einsetzende verstärkte Nutzung durch Rinderweidewirtschaft im Huallaga-Tal beschreibt JÜLICH (1975, S. 200ff.), diese ist aber mittlerweile schon wieder rückläufig (FUNDACION DE DESARROLLO NACIONAL (FDN) 1981, S. 26ff.).

2.3.2 Staatliche Agrarkolonisationsprojekte in Peru

Agrarkolonisationsprojekte haben auch innerhalb der peruanischen Entwicklungsplanung vor 1980 einen nicht zu unterschätzenden Stellenwert eingenommen bzw. nehmen ihn noch ein. Allerdings ist ihre Bedeutung oft an grundsätzliche politische und weniger an langfristige systematische Überlegungen geknüpft. Aus Gründen der Übersichtlichkeit soll auch die Kolonisationstätigkeit der Militärregierungen in diesem Kapitel dargestellt werden.

Da sich aber "grundsätzliche" politische Überlegungen infolge von Regierungswechseln sehr schnell ändern können, bleiben die staatlich geförderten Erschließungsversuche im peruanischen Amazonien vor 1980 zeitlich und regional begrenzt.

Dies soll nachfolgend an Beispielen aus zwei Regierungsperioden belegt werden, einmal anhand der Kolonisationsprojekte der ersten Regierung Belaunde (1963-1968) und zum anderen mit denen der Militärregierungen (1968-1980).

Einen massiven Impuls erfährt die staatlich geförderte Kolonisation im peruanischen Amazonien während der ersten Regierung Belaunde. Eines der erklärten Ziele der Regierung ist es, das Verhältnis Mensch-Landbesitz zu verbessern[26]. Da die Reserven kultivierbaren Landes an der Costa begrenzt sind, strukturelle Reformen weder in den Costa-Plantagen noch in den Sierra-Haciendas ernsthaft zur Diskussion ste-

---

26 Peru nimmt noch 1968 in der Relation Einwohner/ landwirtschaftliche Nutzfläche in Lateinamerika den letzten Platz ein, vgl. SCHUURMAN 1979, S. 132 und JÜLICH 1975, S. 200ff.

hen[27], muß dies zu einer Orientierung der Entwicklungsplanung auf die Selva führen.

Schwerpunkt der staatlichen Kolonisationstätigkeit ist zu dieser Zeit das Departamento San Martin (vgl. unter anderem EICH 1981, NELSON 1973, JÜLICH 1975, HEUER/OBERREIT 1981, MAAS 1969).

Wenn auch die tatsächliche Implementierung auf relativ isolierte Regionen begrenzt bleibt, die durchgeführten Maßnahmen auch aus diesem Grund als sehr kostspielig eingeschätzt werden (SCHUURMAN 1980, S. 115ff.), soll nicht übersehen werden, daß bereits zu dieser Zeit eine langfristige und großräumige Konzeption zur Erschließung Amazoniens vorliegt: das unter dem Namen "Carretera Marginal de la Selva" bekannt gewordene Projekt einer Straße am Andenostabhang (KOHLHEPP 1983, S. 178).

Zumindest für die Zeit der ersten Regierung Belaunde ist die Carretera Marginal de la Selva als eine der großen "Entwicklungsvisionen" zu bezeichnen.

Eine weitgehend veränderte Bedeutung kommt der staatlichen Erschließung Amazoniens unter den Militärregierungen in den Jahren 1968-1980 zu.

Die Arbeit auf dem Gebiet der Agrarkolonisation[28] wird der halbstaatlichen Organisation "Centro Nacional de Capacitación para la Reforma Agraria" (CENCIRA) übertragen. Es ist

---

27 Zwar wurde unter der ersten Regierung Belaunde auch das erste national gültige Agrarreformgesetz verabschiedet, dieses jedoch in vielerlei Hinsicht unterlaufen, so daß die Auswirkungen marginal blieben, vgl. GAITSCH 1979, GREMLITZA 1979.

28 Offiziell wird der Begriff "colonización" (Kolonisation) durch "asentamiento rural" (ländliche Ansiedlung) ersetzt. Dieser Begriff wird aber nicht immer konsequent angewendet (vgl. SCHUURMAN 1980).

das erklärte Ziel der Militärregierungen, die Relation Mensch-Produktionsverhältnisse zu verbessern und CENCIRA übernimmt diese Zielsetzung zwangsläufig. Auf der Ebene der Entwicklungsplanung zählt Agrarkolonisation daher zu den deutlich nachgeordneten Zielen. Trotzdem werden in dem Nationalen Entwicklungsplan auch neue Kolonisationsgebiete ausgewiesen (INP 1971a, S. 104ff.).

Besonders deutlich wird dies durch das Hinzufügen der Kategorie "Politische Grenzgebiete" innerhalb der "Zonen konzentrierter Aktion" im Nationalen Entwicklungsplan 1975-1978. Der Großteil dieser Gebiete liegt in Amazonien (vgl. Karten 4 und 8). Diese Projekte (z.B. Caballococha, Jerano Herrera, Alto Marañon) fallen in eine Phase stark nationalistisch geprägter Entwicklungspolitik.

Weniger die Aufnahme möglicher Migranten als vielmehr die (vermutete) Notwendigkeit der Sicherung der nationalen Grenzen sind das eindeutig dominierende Moment in diesen Überlegungen.

Gedanken dieser Art tauchen wiederholt in der Entwicklungsplanung verschiedener lateinamerikanischer Staaten für ihren Teil Amazoniens auf (CORNELIUS/TRUEBOLD 1975, KOHLHEPP 1983). Es soll dahin gestellt bleiben, inwieweit die Befürchtungen vor einem "Expansionismus" des jeweils anderen Amazonasanrainers begründet waren bzw. sind. Tatsache bleibt aber, daß derartige "geostrategische Überlegungen"[29] wiederholt in die Konzepte der Agrarkolonisation Amazoniens eingehen und deren Ausrichtung mitbestimmen.

---

29 Der hier verwendete Begriff "geostrategisch" ist die Übersetzung des spanischen "geoestratégico". Die Beschäftigung mit Grenzen, Grenzräumen stellt eines der Elemente der Politischen Geographie dar (vgl. BOESELER 1983, S. 53ff.). Mit "Geopolitik" (vgl. zu Definition, Inhalten und Ausprägungsformen BOESELER 1983, S. 36ff.) sollte es in dieser Anwendungsform nicht verwechselt werden.

Agrarkolonisation, dies läßt sich zusammenfassend sagen, hat in der Epoche vor 1980 die teilweise hochgesteckten Erwartungen nicht erfüllen können. Staatliche Maßnahmen beschränken sich auf verschiedene Einzelprojekte (vgl. JÜLICH 1975 oder SCHUURMAN 1980, S. 133ff.), die Einbindung in eine regionale Entwicklungskonzeption wird nicht ersichtlich. Generell kann gelten, daß erhebliche Mängel bereits in der Planungsphase liegen, so daß bei der jeweiligen Implementierung auch falsche Voraussetzungen als Basis dienen konnten.

In den Agrarkolonisationsprojekten der hier behandelten Zeitspanne tragen darüber hinaus eine unzureichend funktionierende Verwaltung und vor allem die Tatsache, daß mittels Agrarkolonisation kurzfristige Lösungen für strukturelle (d.h. auch langfristige) Probleme gesucht werden, dazu bei, daß die während der Implementierung auftretenden Probleme nicht oder nur unvollständig gelöst werden können, viele Projekte als Mißerfolg enden.

Karte 4:   <u>Lage der Kolonisationsprojekte in Peru</u>

1   Alto Huallaga
2   Rio Apurimac
3   SAIS Pampa Pucallpa
4   Jerano Herrera
5   Caballococha
6   Alto Maranon

Quelle:
SCHUURMAN 1980.

2.4 Zusammenfassung

Einer vergleichenden Analyse der regional orientierten Entwicklungsplanung in Peru vor 1968 sind vor allen Dingen durch die Materiallage Grenzen gesetzt. Ein endgültiges Abwägen, welche der bisher aufgeführten Konzeptionen am deutlichsten die regionale Ausrichtung der Entwicklungsplanung beinhaltet, ist nicht möglich, da bis auf Ausnahmen die Primärquellen (d.h. die Entwicklungspläne) fehlen oder nicht eingesehen werden konnten.

Sämtliche Planungsvorhaben vor dem Militärputsch 1968 konzentrieren sich jeweils auf eine Region (zum Beispiel Südperu, zentrale Ceja de Selva, Huallaga-Tal), ohne die notwendige Einbindung dieser Räume in die nationale Wirtschaft zu berücksichtigen.

Regionalplanung soll jedoch den integrierenden Teil der Raumplanung - sei es für den gesamten Staatsraum oder eine Untereinheit desselben - darstellen, der die notwendige Abstimmung der verschiedenen Maßnahmen zum Ziel hat (vgl. BRÖSSE 1975). Dies wird mit keinem der bisher genannten Konzepte geleistet.

Ein Grund für diese Entwicklung mag darin liegen, daß es erst relativ spät in Peru zu dem Aufbau einer adäquaten Planungsinstitution kommt. Wenn auch bereits 1928 erste Arbeiten zur Regionalisierung Perus vorgelegt werden (WALLER 1971, S. 107), nimmt das "Instituto Nacional de Planificación" (INP) erst 1963 seine Arbeit auf (PONGRATZ 1977, S. 71ff.), verzögert sich aber die Gründung regionaler Planungsbehörden noch weiter (vgl. Kap. 3.1.2). Erst mit der Installierung dieser Behörden ist aber die Voraussetzung zum Aufbau der für Regionalentwicklungsmaßnahmen notwendi-

gen "hohen Steuerungskapazität" gegeben (vgl. HEN-
NINGS/JENSSEN/KUNZMANN 1980)[30].

Wichtige formale Instrumente (in der Begriffsverwendung
wird auf BOESELER 1982, S. 118 Bezug genommen) wie ein nationaler oder regionaler Raumordnungsplan sowie die Abgrenzung der Region[31], auf die sich die Planung beziehen soll,
bestehen zu dieser Zeit nicht. Gestaltungsmittel werden im
Zusammenhang mit der Konzeption des Industrieparks in Arequipa und der geplanten großräumigen Erschließung der Selva
vereinzelt in der Theorie bedacht.

Allgemein ist zu beobachten, daß es sich bei den staatlichen Entwicklungsprojekten vor 1968 um in ihrer Wirkung regional eng umgrenzte Maßnahmen handelt. Einzelnen Regionen
werden bestimmte sektorale Funktionen zugewiesen: zum Beispiel landwirtschafltiche Produktion für den Export an der
Costa; Ausdehnung der landwirtschaftliche Nutzfläche, ins-
besonders zur Aufnahme für Migranten aus der Sierra, für
die Selva.

Wesentlich ist aber, daß so gut wie keine Entscheidungsbe-
fugnisse auf Verwaltungsstellen außerhalb Limas übertragen
werden. Dies läßt sich an den Gründungsdaten der "Organismos de Desarrollo" belegen (vgl. Kap. 3.1.2). Lediglich
das Departamento Arequipa weist diesbezüglich eine gering-
fügig unterschiedliche Entwicklung auf.

---

30 Dabei ist durchaus eine ganze Bandbreite von Entwicklungen zwischen
dem Idealkonzept (zum Beispiel FRIEDMANN 1972) und Kompromissen
zwischen Zielen auf nationalem und lokalem Niveau (vgl. STÖHR 1972,
S. 133; OESTERREICH 1981, S. 175) möglich.

31 Zum theoretischen Ansatz der Abgrenzung von Regionen nach Kriterien
der Homogenität, der Interdependez und besonders der Funktionalität
vgl. besonders LAUSCHMANN 1973. Zum weiteren Klassifikationssystem
vgl. HEILAND 1968; BARTELS 1968, 1970; WHITTLESEY 1954 oder LANGE
1968).

30

Die These SANDNERs (1971, S. 318), daß eine vorwiegend sektoral betriebene Wirtschafs- und Entwicklungsplanung die Konkurrenz zwischen den einzelnen Teilräumen noch verstärkt, ist demnach auch auf Peru zu beziehen. Die "Peruanische Revolution" ist letztlich ein Ausdruck des Scheiterns der Entwicklungsbemühungen vor 1968.

Die räumliche Konzentration der Macht, die in vielen lateinamerikanischen Staaten eine lange Tradition hat[32], wird nicht entscheidend abgebaut. Damit fehlt eine wesentliche Voraussetzung für ein stärkeres Einbeziehen der übrigen Landesteile in den Planungsprozeß. Fast zwangsläufig entstehen (oder verstärken sich) die enormen Disparitäten zwischen der Metropole Lima/Callao und dem Rest Perus.

Weder eine schwerpunktmäßig auf den Export ausgerichtete Wirtschaftsstruktur (zu regionalen Beispielen vgl. FLORES GALINDO 1977, ESPINOZA CLAUDIO 1982, RAMIREZ BAUTISTA 1982, CABIESES et al. 1982) noch eine auf den Grundideen der Importsubstitution[33] aufbauende Wirtschaftsplanung können so zu dauerhaften Strukturveränderungen führen.

---

32 Bei den Formen räumlicher Konzentration von Macht kann unterschieden werden zwischen 1. rein politischen Machtstrukturen und 2. Budget-Kompetenzen. Ein typisches Beispiel staatlichen Zentralismus bietet Peru, die Zentralregierung dort zu Beginn der 70er Jahre über 95 % des gesamten Staatsbudgets entscheidet, vgl. STÖHR 1972, S. 71ff.

33 Die Importsubstitution wurde von der "Comisión Económica para América Latina" (CEPAL) favorisiert. Zum wirtschaftlichen Programm der CEPAL vgl. BEJARANO 1984, S. 84ff.; SANDT 1969, S. 108ff.

3   DAS ENTWICKLUNGSKONZEPT DER PERUANISCHEN MILI-
         TÄRREGIERUNGEN

Im Jahr 1968 kam es in Peru zum Militärputsch, dessen aus-
lösendes Moment das Verschwinden bestimmter Teile eines
Vertrages der peruanischen Regierung mit dem nordamerikani-
schen Erdölkonzern "International Petroleum Company" war
(vgl. FRANKFURTER RUNDSCHAU 3.10.1068). Letztlich werden
aber der desolate Zustand der peruanischen Wirtschaft und
des politischen Systems als die wesentlichen Faktoren beurteilt, die das Militär zum Eingreifen bewegen (vgl. NEUE
ZÜRCHER ZEITUNG 23.2.1969, HARTNAGEL 1976, S. 174ff.).

Größere Beachtung erfährt die "Peruanische Revolution" besonders hinsichtlich der Betonung einer eigenbestimmten
Entwicklungsstrategie[1] und des Versuchs, mit Hilfe einer
tiefgreifenden Agrarreform die strukturellen Hemmnisse im
Landwirtschaftsbereich dauerhaft zu lösen. Das Modell der
peruanischen Agrarreform – einem der weitestgreifensten Ansätze zur Strukturveränderung in Lateinamerika – hat in der
wissenschaftlichen Literatur große Beachtung gefunden[2], ist

---

1 Das Modell eines eigenbestimmten Entwicklungskonzepts beschränkt
  sich nicht nur auf Peru. Versuche, einen "Dritten Weg" der
  Entwicklung zwischen den zwei großen Machtblöcken von Kapitalimus
  und Kommunismus zu finden, wurden auch in Sri Lanka unter Frau
  Bandaranaike und in Tansania unter Nyerere gemacht. Zum Anspruch
  der Entwicklungskonzeption eines "Dritten Weges" für Peru vgl.
  HARTNAGEL 1976, S. 194, für eine kritische Analyse derartiger
  Abkoppelungsmodells vgl. KÖTTER 1980, S.4, eine Diskussion der
  theoretischen Grundpositionen liefern MERTINS 1981; SENGHAAS 1977
  und 1979 sowie SLATER 1979, S. 43ff..

2 Gerade zu den Agrarreformen liegen auch im deutschen Sprachraum
  zahlreiche Studien vor, als Gesamtdarstellung u.a. FUHR 1979,
  GAITSCH 1979, GREMLITZA 1979, HARTNAGEL 1976 und METZLER 1980.

jedoch nur ein Bestandteil der Gesamtkonzeption der peruanischen Militärregierungen.

Im folgenden sollen nun die regionalplanerischen Vorstellungen der Militärregierungen untersucht werden, um auf
diese Weise die Bedeutung der einzelnen Sektoren für sich
und vor allem im regionalen Kontext zu erfassen.

Mit Hilfe der staatlichen Investitionsflüsse während der
Zeit der Militärregierungen soll daraufhin analysiert werden, inwieweit die in den Entwicklungsplänen propagierten
allgemeinen, aber auch die regionalen und sektoralen Ziele
in die Realität umgesetzt wurden (vgl. Kap. 3.3).

3.1   Der Nationale Entwicklungsplan 1971 - 1975

3.1.1   Dauernde und allgemeine Ziele

Die den sektoralen und regionalen Strategien im Entwicklungsplan für die Jahre 1971-1975 vorausgestellten "übergeordneten Ziele" gliedern sich in "dauernde" sowie "allgemeine".

Die erstgenannte Gruppe von Zielen hat keinen konkreten
Raumbezug, ist aber deutlich politisch und auch natio-
nalistischer Natur (vgl. dazu auch BRÖSSE 1975, S. 30 und
die dargestellten "obersten Ziele"). Im einzelnen handelt
es sich um:
1. Die Bildung einer gerechteren Gesellschaft ohne Privilegien, ohne Marginalisierung und ohne wirtschaftliche, soziale und politische Diskriminierung.
2. Beschleunigte und sich selbst tragende Entwicklung, die
   auf der Nutzung der eigenen Ressourcen aufbaut.

3. Sicherung der nationalen Hoheit. Dies schließt auch die Kontrolle über die Nutzung der eigenen Ressourcen ein (INP 1971a, S. 17).

Die Forderung nach einer sich selbst tragenden Entwicklung verdeutlicht den Anspruch des "Dritten Weges"; die nationalistische Stoßrichtung unterstreicht der Punkt drei.

Eines der am bekanntesten gewordenen allgemeinen Ziele ist die Forderung nach einer Partizipation einer breiten Mehrheit der Bevölkerung an den grundlegenden Entscheidungen. Seine Realisierung sollte dieses Ziel durch die Einführung der Organisationsform von Kooperativen im Produktionsbereich finden[3].

Da eine solche Realisierung aber auch den Zugang zu den jeweiligen Produktionsfaktoren voraussetzt, Peru in erster Linie ein agrarisch strukturiertes Land ist, wird die Veränderung der Besitzverhältnisse auf dem Land angestrebt[4].

Im Bereich des sozialen Sektors sollt das allgemeine Gesundheitsniveau der peruanischen Bevölkerung verbessert werden, marginale Bevölkerungsgruppen einen verstärkten Zugang zu sozialen Dienstleistungen erhalten, und zur langfristigen Sicherung aller Ziele wird der Aufbau eines Erziehungssystems geplant, das dem strukturellen Wandel der

---

3 Neben den bereits angeführten Studien zur Agrarreform vgl. bezüglich der Organisationsformen MARTINEZ 1981, MONHEIM 1981. Die strukturellen Veränderungen beschränken sich jedoch nicht nur auf den Agrarsektor für den Industriesektor vgl. zum Beispiel JONES-WAGNER 1979, MINKNER 1976.

4 Bis zum Staatsstreich 1968 waren bereits einige Projekte zur Agrarreform angelaufen (vgl. Kap. 2.3), ohne jedoch Erfolg gehabt zu haben. Die konfliktträchtige Besitzstruktur im Agrarbereich, und hier besonders in der südlichen Sierra, verdeutlichen die bei GAITSCH (1979, S. 12) zitierten Zahlen: 87,5 % der Produktionseinheiten verfügten lediglich über 7,8 % des Landes, während umgekehrt nur 0,4 % der Produktionseinheiten über 60,7 % des Landes verfügten.

Gesellschaft entspricht (SCHLEGEL 1980, HILHORST 1979, S. 36).

Bezüglich der Wirtschaftspolitik wird eine maximale Produktions- und Produktivitätssteigerung angesteuert, integrierte, impulssetzende Industriezweige sollen aufgebaut, die Beschäftigungssituation verbessert werden. Um der avisierten Wirtschaftsentwicklung eine langfristige Perspektive zu geben, aber auch einen möglichen erneuten ausländischen Einfluß zu vermeiden bzw. ihm vorzubauen, wird die Nutzung der internen Ersparnisse für die prioritären Entwicklungsaktivitäten beabsichtigt[5], soll eine bessere Bevölkerungsverteilung im Staatsgebiet erreicht werden[6]. Eine intensivere und auch rationalere Nutzung der natürlichen Ressourcen wird angestrebt.

Das Ziel "Stärkung des öffentlichen Sektors als Träger der nationalen Entwicklung" unterstreicht, daß der Staat die tragende Rolle in dem geplanten Entwicklungsprozess auszufüllen gedachte (vgl.INP 1971a, S. 27ff.)

Einige ausgewählte wirtschaftspolitische Eckdaten beschließen den Katalog der allgemeinen Ziele. So sollte während der vierjährigen Laufzeit des Entwicklungsplanes eine Beschäftigungsquote von 83,2 % erreicht werden (INP 1971a, S. 40ff.). Wichtige Grundlage zur Umsetzung dieses Zieles soll die allgemein bessere Ausbildung der Jugendlichen dar-

---

5 Sämtliche Entwicklungsziele sind auf dieser Stufe sehr ungenau gefaßt. Etwas konkreter werden diese Ziele zur Finanzierung der Entwicklungsvorhaben im Plan del Peru (INP 1971a, S. 30ff.) beschrieben.

6 Vor dem Hintergrund der geplanten Besiedlung der Grenzregionen - im Zusammenhang mit Agrarkolonisation (vgl. Kap. 2.3) oder mit den Entwicklungsvorhaben in Puno und Tacna (vgl. Kap. 3.2) - nahm das Ziel einer besseren Bevölkerungsverteilung im Staatsgebiet auch eine nationalistische Komponente an.

stellen. Der Beitrag der Sektoren Landwirtschaft[7] und Industrie ist diesbezüglich gesondert ausgewiesen.

Ein mittlerer jährlicher Anstieg des Bruttoinlandsprodukts
um 7,5 % wird erwartet, an dem vor allem das verarbeitende
Gewerbe[8] mit einer geplanten jährlichen Steigerungsrate von
12,4 %, der Bergbau mit 5,4 % und die Landwirtschaft mit
4,2 % partizipieren sollten[9].

3.1.2 Die Regionalentwicklung als Strategie des Nationalen Entwicklungsplanes 1971 - 1975

"Desarrollo Regional" (Regionalentwicklung) wird in dem Na-
tionalen Entwicklungsplan 1971-1975 als Strategie zur
Durchsetzung der angestrebten Entwicklungsziele angeführt
(INP 1971a, S. 64ff.).

Es ist zwar nicht der erste Entwicklungsplan für Peru, aber
das erste Mal, daß raumordnerische Vorstellungen explizit

---

7 Der Beitrag des Sektors Landwirtschaft zu einer Beschäf-
tigungsverbesserung sollte in vier Punkten liegen: 1. Ausdehnung
der Nutzfläche; 2. Diversifizierung der Produktion und unterschiedliche Anbauzyklen; 3. Verbesserung der nichtlandwirt-
schaftlichen temporären Beschäftigung in ruralen Zonen und 4.
Stimulierung der Wanderung von den Minifundiengebieten in die
Bereiche der Latifundien und der Kolonisationsgebiete (vgl. INP
1971a, S. 40ff.). Der letzte Punkt unterstreicht also, daß die
Militärregierungen die Agrarkolonisation als eine Möglichkeit der
Verminderung des Bevölkerungsdrucks in der Sierra miteinbezogen.

8 Der Beitrag des Industriesektors zu einer Verbesserung der
Beschäftigung sollte über die folgenden Maßnahmen erreicht werden:
1. Einsatz angepasster Technologien; 2. Verbesserung der
Wettbewerbsfähigkeit des Kunsthandwerks und 3. Vermeidung, soweit
möglich, von Maschineneinsatz im Bausektor (vgl. INP 1971a, S.
40ff.).

9 Vgl. INP 1971a. Zu einer Aufstellung der nach Sektoren gegliederten
Ziele, der darauf bezogenen Maßnahmen und deren jeweiligen
Verwirklichungsgrad vgl. PONGRATZ 1977, S. 61ff.

in den Entwicklungsplan eingehen und eine unterschiedliche regionale Schwerpunktsetzung erfolgt[10].

In der Entwicklungsideologie der Militärregierungen nimmt der Staat eine tragende Rolle in der Wirtschaftsplanung ein. Dies setzt notwendigerweise ein funktionierendes nationales Planungssystem voraus. Das INP gewinnt während der Militärregierungen an Bedeutung. Es werden jedoch auch regionale Planungsbehörden geschaffen bzw. bestehende, wie der "Organismo de Desarrollo del Sur" (ORDESUR), dem INP angegliedert.

Bei der durch natürliche Faktoren bedingten starken Fragmentation des Staatsgebietes (WALLER 1971), der Größe und des unterschiedlichen Entwicklungsgrades sowie der nur beschränkt vorhandenen finanziellen Mittel kann eine gleichmäßige Förderung aller Gebiete nicht in Betracht kommen.

Von der Klassifizierung des Landes in "Zonas de acción concentrada" (Zonen konzentrierter Aktion) sollten 80 % des Staatsgebietes und 45 % der Bevölkerung betroffen sein (vgl. Karte 5). Innerhalb dieser Klassifizierung werden vier Typen von Vorzugsgebieten ausgewiesen. Es handelt sich um die folgenden Regionen:

---

10 Der erste Nationale Entwicklungsplan wurde 1962 vorgelegt. Er stellte aber lediglich ein "locker gefügtes Investitionsprogramm" (PONGRATZ 1977) dar. Der 1963 vorgelegte zweite Nationale Entwicklungsplan ist eine Aktualisierung des ersten. Zugleich werden bis 1963 für verschiedene Sektoren Einzelpläne verfaßt. So nennt der "Plan de Desarrollo Económico y Social" für die Jahre 1967-1970 als Grundziele: 1. Verminderung der nationalen Abhängigkeit, 2. Steigerung der Produktion und der Produktivität, 3. mehr und besser verteilte Arbeitsplätze und 4. Verbesserung der Einkommensverhältnisse. Als Mittel der Durchsetzung dieser Ziele wurden Orientierungsdaten für die Privatwirtschaft gegeben und öffentliche Investitionen zur Verbesserung der Infrastruktur geplant vgl. PONGRATZ 1977, S. 71ff.

- "Zonas de ventaja comparativa" (Zonen komparativer Vorteile),

- Zonas de alto desarrollo relativo (Zonen relativ hoher Entwicklung),

- "Zonas de saturación poblacional" (Zonen der Bevölkerungssättigung) und

- "Zonas de frontera económica" (Grenzzonen der wirtschaftlichen Entwicklung, de facto werden damit die Agrarkolonisationsgebiete bezeichnet, vgl.INP 1971a, S. 64ff., s. auch Karte 5).

Die wichtigsten der den einzelnen Regionstypen zugedachten Funktionen sollen nachfolgend skizziert werden[11].

Die "Zonen komparativer Vorteile" befinden sich ausschließlich in der Costa. Es handelt sich dabei um Bergbaugebiete. In der Region Tumbes-Piura befinden sich zusätzlich noch Erdöl- und Erdgasvorkommen. Der komparative Vorteil wird nur mit dem Vorhandensein der natürlichen Ressourcen und einer für deren Nutzung "adäquaten Infrastruktur" begründet (INP 1971a, S. 65). Man kann davon ausgehen, daß mit den komparativen Vorteilen in erster Linie die günstige Lage für eine Vermarktung auf dem Weltmarkt gemeint ist.

Den "Zonen komparativer Vorteile" kommt innerhalb der nationalen Entwicklungsplanung damit eine gewichtige Funktion zu, da sie mit der beabsichtigten Steigerung und Diversifizierung des Exports im Bergbausektor einen wesentlichen Teil zur Finanzierung des gesamten Entwicklungsvorhabens beitragen.

---

11 WALLER (1971, S. 102ff.) beschreibt ein Modell der räumlichen Erschließung Perus in der Grundform eines "E", daß zu einem "B" geschlossen werden könnte. HILHORST (1980, S. 8) kommt bei der auf dem Grundgedanken der Integration komplementärer Zonen aufbauenden Regionalisierung zu in einigen Punkten abweichenden Darstellungen (zum Beispiel Grenzen der Regionen, beabsichtigte Wachstumspole).

Karte 5: <u>Die Zonen konzentrierter Aktion im Nationalen Ent-</u>
<u>wicklungsplan 1971 – 1975 (Plan del Perú)</u>

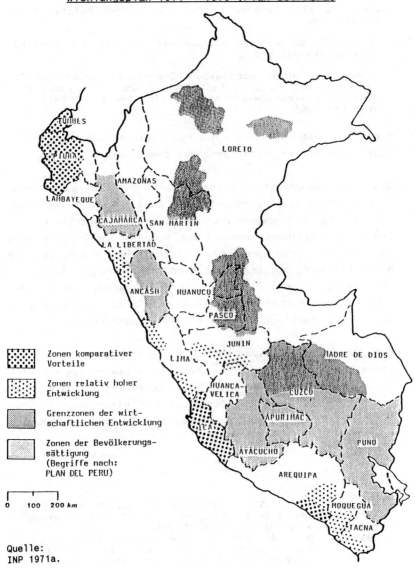

Zonen komparativer
Vorteile

Zonen relativ hoher
Entwicklung

Grenzzonen der wirt-
schaftlichen Entwicklung

Zonen der Bevölkerungs-
sättigung
(Begriffe nach:
PLAN DEL PERU)

0   100   200 km

Quelle:
INP 1971a.

40

Die "Zonen relativ hoher Entwicklung" liegen mit der Ausnahme des Gebietes Huancayo/La Oroya an der Costa oder sind
wie Arequipa deutlich auf diesen Raum ausgerichtet. Es sind
die Gebiete Perus, die über eine weit entwickelte landwirtschaftliche Basis verfügen, ein adäquates Transport- und
Dienstleistungssystem aufweisen und wo sich, von dem nicht
berücksichtigten Lima abgesehen, der Verstädterungsprozess
vollzieht (WALLER 1971 bezeichnet diese Zone als "Centros
urbanos-industriales").

In diesem Gebieten soll die Industrieentwicklung vorange-
trieben werden. Dabei sind branchenmäßige Schwerpunkte ausgewiesen, die auch auf in den "Zonen komparativer Vorteile"
abzubauende Bergbauprodukte als Rohstoffquellen ausgerichtet sind.

Gleichzeitig wird mit der Ausdehnung regionaler Industrie-
zentren in Huacho und Cañete versucht, das Problem einer
besseren Bevölkerungsverteilung im Staatsgebiet in die Entwicklungsplanung eingehen zu lassen (INP 1971a, S. 64ff.).
Diese Schlußfolgerung bietet sich an, da Stadt und Provinz
Lima explizit aus diesem Regionstyp ausgeschlossen werden.

Das bisherige läßt bereits auf der Basis der theoretischen
Konzeption ein Problem deutlich werden: Sämtliche Maßnahmen
für die geplante Expansion der Industrie und dem effizient
arbeitenden Bereich der Landwirtschaft sind auf die Costa
konzentriert (vgl. zu detaillierteren Ausführungen zur
Agrarstruktur in der Costa METZLER 1980, S. 4ff.; FUHR
1979, S. 105; HILHORST 1981, S. 440). Dies spiegelt sich
auch in den tatsächlich getätigten Investitionen wider
(vgl. Kap. 3.3).

Der überwiegende Teil der Sierra und Selva hat nur "Ergän-
zungsfunktion" (WALLER 1971, S. 104). Hier sollten in begrenztem Umfang Nahrungsmittel produziert werden, vor allem

aber die Bevölkerung rekrutiert werden, um das städtische
Wachstum voranzutreiben (WALLER 1971, vgl. in diesem Zusammenhang auch FÜRST 1981, S. 253/285 mit dem Konzept der
"passiven Sanierung" der Sierra).

Die dicht besiedelten Sierra-Regionen werden zu "Zonas de
saturación poblacional" erklärt. Charakteristisch ist eine
hohe Bevölkerungskonzentration und niedrige Lebensqualität.

Um einen größeren Anteil der dort lebenden Bevölkerung Er-
werbsmöglichkeiten zu bieten, damit gleichzeitig die Abwan-
derung in die städtischen Zentren zu verringern[12], sollten
(nicht näher bezeichnete) Selbsthilfeprogramme initiiert
werden. Da dieser Regionstyp auch die wesentlichen touristischen Attraktionen Perus umfaßt, ist die Förderung des
Kunsthandwerks und des Tourismus ganz allgemein in die Planung aufgenommen (vgl. INP 1971a, S. 64ff.; bei den touristischen Zonen handelt es sich um Cajamarca, das Callejon
de Huaylas und die Achse Machu Picchu-Cuzco-Puno).

Die "Zonas de frontera económica" umfassen schließlich bereits bestehende (Huallaga Central, eine Fortsetzung des
bereits unter Belaunde begonnenen Projektes Alto Huallaga,
sowie Tournavista/Pampa Pucallpa) und neu zu erschließende
Agrarkolonisationsgebiete (La Convención im Departamento
Cuzco und Manú im Departamento Madre de Dios; eine detaillierte Planung wird für La Convención aber erst 1984/1985
vorgelegt) sowie die Erdölzone zwischen den Flüssen Tigre
und Pastaza. Generell wird diese Zone als reich an natürlichen Ressourcen, aber weit entfernt von den bestehenden
Nachfragezentren bewertet (INP 1971a, S. 67).

---

12 Zu einer theoretischen Aufarbeitung von Modellen wie den "nucleos
de satélites" (Satellitenstädte mit industrieller Infrastruktur)
vgl. HENNINGS/JENSSEN/KUNZMANN 1980 und das "Konzept der
Entlastungsorte".

Wenn auch die Bedeutung des östlichen Tieflandes bezüglich der Agrarkolonisation allgemein als gering bewertet werden kann, deuten die zahlreichen Straßenbauprojekte in dieser Region doch darauf hin, daß Amazonien in der langfristigen Konzeption der Regierung Velasco nicht ohne Bedeutung gewesen sein kann. In der Investitionsmittelzuweisung weisen aber alle Departamentos in Amazonien zwischen 1968 und 1980 letztlich eine deutliche Abnahme auf.

Die "Zonen konzentrierter Aktion" stellen zweifelsohne ein Element der Raumordnung im Nationalen Entwicklungsplan 1971-1975 dar. Als Basis für die Umsetzung einer regional orientierten Planung kann dieses Modell aber nicht dienen, da zum einen Defizite in der theoretischen Konzeption bestehen, zum anderen die geplante Umsetzung einem wichtigen Ziel der Regionalentwicklung, der schwerpunktmäßigen Arbeit in den marginalisierten ländlichen Gebieten, nicht entspricht. Es wird eindeutig die Costa, also der am weitesten entwickelte Raum Perus, priorisiert.

Zur Ausweisung der vier Typen von Vorzugsgebieten werden sehr unterschiedliche Kriterien verwendet.

Während "komparative Vorteile" ein wirtschaftspolitisches Kriterium darstellen, "relativ hohe Entwicklung" und "Grenzzonen der wirtschaftlichen Entwicklung" eine sehr viel allgemeinere Beschreibung des generellen Entwicklungspotentials beinhalten, wurde für die Sierra mit den "Zonen der Bevölkerungssättigung" ein eindeutig demographisches Kriterium verwendet. Was unter den jeweiligen Kriterien verstanden werden soll, bleibt unklar. So können sich "komparative Vorteile" auf den Abbau, den Transport oder einen sehr billigen Produktionsfaktor im Verarbeitungsprozess beziehen (vgl. zum Beispiel HEMMER 1978, S. 328f.). In dem erwähnten Fall wird jedoch nur auf die Konzentration natürlicher Ressourcen und eine für die Ausbeutung derselben günstigen Infrastruktur hingewiesen.

Allgemein fehlt es an exakt definierten Abgrenzungskriterien. Damit bleibt den Planungsbehörden ein relativ breiter Handlungsspielraum. Bei einer traditionell stark zentralistisch ausgerichteten Wirtschaft wie der Perus ist in einem solchen Fall eine Dominanz der zentralstaatlichen Planungsbehörden zu erwarten.

Im Nationalen Entwicklungsplan für diese Jahre werden nur allgemeine wirtschaftliche Merkmale für die einzelnen Regionen beschrieben, jedoch nicht die räumliche Ausbreitung des Phänomens erwähnt (Zonen komparativer Vorteile, Zonen relativ hoher Entwicklung), oder Regionen in ihrer räumlichen Ausdehnung relativ genau beschrieben, ohne die bestimmenden Merkmale zu definieren (Grenzzonen der wirtschaftlichen Entwicklung).

Die ungenaue Begriffsverwendung und das darauf aufbauende theoretische Konzept, das Fehlen räumlicher Begrenzungen und diesbezüglich verwendbarer Kriterien lassen der Zentralregierung bei der Implementierung der Entwicklungsplanung einen breiten Spielraum, um zum Beispiel die Rolle der Sierra in der nationalen Wirtschaftsplanung (auch nachträglich) zu rechtfertigen.

Da so gut wie alle Maßnahmen für die expandierenden Wirtschaftsbereiche in der Costa angesiedelt sind, müssen wichtige, übergeordnete Planziele (z.B. Bildung einer gerechteren Gesellschaft ohne Marginalisierung, vgl. Kap. 3.1.1) auf diesen Raum beschränkt bleiben.

Daß es in Peru zwischen 1973 und 1983 zu einer allgemeinen Nivellierung der Einkommensunterschiede zwischen den Departamentos auf einem aber deutlich tieferen Niveau kommt

(vgl. Tab. 1), ist allerdings nicht auf die Entwicklungsplanung oder deren Auswirkungen, sondern auf die sich be-
schleunigende wirtschaftliche Krise zurückzuführen.

Tabelle 1:   Mittlere reale Monatsmindestlöhne nach Departa-
             mentshauptstädten, 1973 und 1983

Stadt	Departamento	1973	1983 Soles	Veränderun- gen in %
Chachapoyas	Amazonas	363	283	- 22,1
Huaraz	Ancash	334	291	- 12,9
Abancay	Apurimac	293	362	+ 23,5
Arequipa	Arequipa	454	388	- 14,5
Ayacucho	Ayacucho	334	328	- 1,8
Cajamarca	Cajamarca	297	298	+ 0,3
Callao	Prov. Const.	564	366	- 35,1
Cuzco	Cuzco	409	285	- 30,5
Huancavelica	Huancavelica	313	321	+ 2,5
Huánuco	Huánuco	342	328	- 4,1
Ica	Ica	389	351	- 9,8
Huancayo	Junin	391	343	- 12,3
Trujillo	La Libertad	353	318	- 10,0
Chiclayo	Lambayeque	343	302	- 12,0
Lima	Lima	564	366	- 35,1
Iquitos	Loreto	465	322	- 30,8
Pto. Maldonado	Madre de Dios	487	317	- 35,0
Moquegua	Moquegua	421	366	- 13,1
Cerro de Pasco	Pasco	370	334	- 9,7
Piura	Piura	486	325	- 33,2
Puno	Puno	372	369	- 0,8
Moyobamba	San Martin	458	294	- 35,8
Tacna	Tacna	421	366	- 13,1
Pucallpa	Ucayali[2]		322	

1 Die Soles-Beträge sind jeweils auf den Wert von 1979 berechnet.
2 Das Departamento Ucayali wurde erst im Jahre 1980 gegründet.

Quelle:
INE 1984, S. 95 ff.

Der Nationale Entwicklungsplan 1971-1975 enthält eine ausführliche Beschreibung der einzelnen sektoralen Ziele. Sektorale Zielsetzungen unterstreichen die hier skizzierten regionalen Entwicklungsschwerpunkte. Beispiele dafür sind im Landwirtschaftssektor die Bewässerungsprojekte Chira-Piura, Tinajones oder Majes, im Industriesektor der Aufbau einer Eisenverhüttung in Talara, Chimbote und Nazca (INP 1971a, S. 114ff. und 137ff.).

Auf eine Darstellung der sektoralen Ziele wird in diesem Zusammenhang aber verzichtet. Wichtige sektorale Maßnahmen mit regionalem Bezug werden anhand der Investitionsmittelzuweisungen erläutert (vgl. Kap. 3.3).

3.1.3   Die Instrumente und Ziele der regionalen Entwicklungspolitik

Das wichtigste Instrument der regionalen Entwicklungspolitik muß die Regionalisierung des Staatsgebietes darstellen. Da die bestehenden Departamentos vielfach einer effizienten Planung im Wege standen (aufgrund geringer Flächenausdehnung, einseitiger Wirtschaftsstruktur, alter Grenzen, die Wirtschaftskreisläufe durchschneiden), wird das Staatsgebiet in vier Großregionen, diese mit Ausnahme der Region IV (Ostregion) nochmal in Subregionen unterteilt (vgl. Karte 6). Zur Abgrenzung der Regionen werden folgende Kriterien herangezogen:

- geographische, wirtschaftliche und kulturelle Integration;

- Gleichgewicht der Bevölkerung und der Ressourcen;

- optimale Größte für die sektorale Verwaltung und die regionale Planungsbehörde;

- technische Einheit von Großprojekten und

- Einzugsbereiche zentraler Orte.

Diese Kriterien sind jedoch bezüglich ihrer Anwendung und ihrer Erfüllung durchaus kontrovers zu beurteilen (WALLER 1971, S. 107f.).

Die raumordnerischen Vorstellungen werden für die einzelnen Großregionen noch weiter präzisiert (INP 1971a, S. 27ff.; 47ff.; 62ff.; vgl. auch BOISSIER 1972, S. 136ff.). Besonders ausführlich geschieht dies für die Nordregion. Daher sollen die für diese Region aufgestellten Ziele hier auch als beispielhaft angeführt werden.

Allgemeines Ziel ist auch für die Nordregion die Beschleunigung der Agrarreform. Die Durchführung wird aber räumlich nicht näher lokalisiert. Vor dem Hintergrund des großen ausländischen Grundbesitzes in den Baumwollplantagen Piuras (ESPINOZA CLAUDIO 1982, RAMIREZ BAUTISTA 1982) ist anzunehmen, daß diese Region einen Ansatzpunkt darstellt.

Dagegen sind die weiteren Ziele in ein räumliches Ordnungsmuster eingepaßt (vgl. Karte 7). Die Steigerung der Produktion und der Produktivität wird vor allen Dingen in den Gebieten der großen Bewässerungsprojekte (Chira-Piura, Jequepeteque, Tinajones) und in dem Kolonisationsgebiet des Huallaga-Central angestrebt. Für die Gebiete in der Costa ist eine grob gefasste Produktionsspezialisierung im Entwicklungsplan vorgegeben (INP 1971b, MIKUS 1974). Das Kolonisationsgebiet am Huallaga soll dagegen besonders auch zur Reduzierung des Bevölkerungsungleichgewichts beitragen. Als Mittel zum Erreichen einer angemessenen Bevölkerungsverteilung wird der Agrarkolonisation Präferenz eingeräumt.

Im Industriebereich ist schwerpunktmäßig die Förderung der Achse Chimbote-Trujillo-Chiclayo geplant. Dabei ist als Zentrum Trujillo vorgesehen, da sich die Stadt in der Mitte

47

Karte 6: <u>Regionalisierung und Raumordnung im Nationalen</u>
<u>Entwicklungsplan 1971 – 1975</u>

Grenzen der Pla-
nungsregionen

Subregiona-
le Grenzen

Regionale Ent-
wicklungspole

Subregionale
Zentren

OSTREGION
Iquitos
Piura
Tarapoto
NORDREGION
Trujillo
Pucallpa
ZENTRALREGION
Huancayo
Lima
Cuzco
Ica
SÜDREGION
Puno
Arequipa

0   100   200 km

Quelle:
HILHORST 1980, S. 8.

Karte 7: <u>Maßnahmen zur Raumordnung in der Nordregion 1971 – 1975</u>

0   100   200 *km*

▬ Grenze der Planungs-
    region "Norden"

○━○ Prioritäre Ent-
    wicklungsachse

Ⓑ Bergbau

Ⓘ Industriestandort

▒ Schwerpunktgebiete der
    landwirtschaftlichen
    Entwicklung

➡ Geplante Maßnahmen zur
    Umverteilung des Bevölke-
    rungsungleichgewichtes

Quelle:
INP 1971a.

zweier großer, unterschiedlich strukturierter Absatzmärkte befindet[13]. Ein zweiter industrieller Entwicklungspol ist mit dem petrochemischen Komplex Talara/Bayovar im Departamento Piura geplant (BOISSIER 1972, S. 138ff.).

Ein Straßenbauprogramm und die Schaffung landwirtschaftlicher Infrastruktur sind in der Entwicklungsplanung als Maßnahmen zur Verbesserung der intraregionalen Integration vorgesehen und sollen dazu beitragen, den Prozentsatz der wirtschaftlich tätigen Bevölkerung in den betreffenden Regionen zu erhöhen (vgl. zur Planung für die Nordregion INP 1971b, S. 9ff.).

Ein Grund für die besonders ausführliche Planung der Entwicklungsstrategie in der Nordregion mag darin liegen, daß es sich nach Meinung der Verfasser des Entwicklungsplans um eine "strategische Region" mit hohem Entwicklungspotential handelt, die zudem Charakteristika der "dependencia" aufweist (zum Begriffsinhalt vgl. PREBISCH 1949, 1963).

Der Begriff "dependencia" erfährt in diesem Zusammenhang eine inhaltliche Erweiterung, da zwar noch das Verhältnis Peripheriestaat Peru zu den Zentrumsregionen thematisiert wird, gleichzeitig die Überwindung oder Minderung der "dependencia" einen Strategieansatz ausdrücken will: die Begründung für das starke staatliche Engagement im Norden des Landes. Zur "äußeren Dependenz" Perus wird die "interne Dependenz" der Nordregion gestellt. Die nationalistisch geprägten Ziele (vgl. Kap. 3.1.1) erfahren in diesem Zusammenhang auf der Planungsebene eine Umsetzung.

---

13 Chiclayo am Nordende der Achse hat ein überwiegend agrarisch strukturiertes Hinterland, während Chimbote im Süden einen guten Hafen und fischverarbeitende Industrie besitzt sowie mit der Verfügbarkeit über Energie günstige Voraussetzungen für den weiteren Ausbau der Eisenhüttenwerke aufweist.

Die hier erläuterte Regionalisierung ist nicht der erste derartige Ansatz in Peru (vgl. DE OLARTE 1982). Er bedarf auch noch weiterer Spezifizierungen, doch ist festzuhalten, daß in das 1971 vorgelegte Dokument zum ersten Mal die Schaffung dezentraler Planungsbehörden (Organismos de Desarrollo = ORDES) in einen Entwicklungsplan eingehen. Aus Gründen der Übersichtlichkeit werden auch die nach 1975 entstandenen ORDES in diesem Kapitel angesprochen.

Die Gründung regionaler Entwicklungskörperschaften stellt ein entscheidendes Instrument regionaler Entwicklungspolitik dar. Wie schon 1958 bei der Gründung der "Junta de Rehabilitación y Desarrollo de Arequipa" gibt auch bei der Entstehung der ersten regionalen Gebietskörperschaft unter der Militärregierung eine Naturkatastrophe den Ausschlag (vgl. auch STÖHR 1977, S. 86). Nach dem schweren Erdbeben des Jahres 1970 in Nordperu (vor allem Departamento Ancash) wird zur Koordination der Hilfe und Behebung der Schäden die "Comisión de Rehabilitación y Reconstrucción de la Zona Afectada" (CRYRZA) gegründet. Sie erstellt in der Folgezeit eine Reihe sektoraler Entwicklungspläne und wird 1973 in den "Organismo de Desarrollo de la Zona Afectada" (ORDEZA) überführt (PONGRATZ 1977, S. 181).

Eine Reihe sozialer Proteste in verschiedenen Regionen scheinen in der zweiten Hälfte der 70er Jahre der letztendliche Auslöser zur Gründung weiterer ORDES gewesen zu sein (vgl. dazu SLATER 1983, S. 32ff.) Es entstehen: im November 1977 mit dem Decreto Ley (D.L.) 21905 der Organismo de Desarrollo de Loreto (ORDELORETO), im Juli 1978 mit dem D.L. 22213 der Organismo de Desarrollo del Sur (ORDESUR) mit den Departamentos Apurimac, Cuzco und Madre de Dios, mit dem D.L. 22214 der Organismo de Desarrollo de Puno (ORDEPUNO) und im August 1979 mit dem D.L. 22635 der Organismo de Desarrollo de Arequipa (ORDEA) (vgl. HILHORST 1980, S. 26 und FUNDACION EBERT o.J.).

Für STÖHR (1972, S. 170) ist die Distanz zu Lima und der dortigen Zentralregierung eine wichtige Variable bei der Entstehung der regionalen Entwicklungskörperschaften in Peru.

Die Instrumente der regionalen Entwicklungspolitik zwischen 1971 und 1975 können hinsichtlich ihrer Umsetzbarkeit nicht als zufriedenstellend bezeichnet werden. Demzufolge werden auch die Ziele kaum erreicht.

So gut wie unberücksichtigt bleiben in den Planungsdokumenten der Bereich der regionalen Verwaltungsstrukturen und damit verbunden auch die Entscheidungsmöglichkeiten der einzelnen Regionen über ihre spezifischen Entwicklungsprobleme.

Insgesamt ist die Planung der wirtschaftlichen Entwicklung noch immer nach "außen" orientiert (vgl. auch Kap. 3.3).

Die Instrumente können daher insgesamt als ein politischer Kompromiß zwischen progressiv-nationalistischen Entwicklungszielen, sachbezogenen Problemen (schwierige infrastrukturelle Erschließung des Landes, Exportabhängigkeit) und politisch motivierter Schwerpunktsetzung aufgefaßt werden.

3.2   Der Nationale Entwicklungsplan 1975 - 1978

3.2.1   Gründe und allgemeine Ziele

Im August 1975 kommt es in Peru zum Regierungswechsel. Der Sturz von General Velasco durch seinen Finanzminister Morales Bermudez ist ein erstes Zeichen für die Schwierigkeiten der peruanischen Revolutionsregierung.

Für den Führungswechsel werden allgemeine wirtschaftliche Probleme[14], die Besitzumstrukturierungen betreffende Gründe (zu den Problemen besonders im Minifundienbereich und zunehmender Migration in die Städte vgl. METZLER 1980, S. 70ff.; MINKNER 1977, S. 225ff.) aber auch ein zunehmendes Mißtrauen der Bevölkerung in die Führungsqualitäten der Regierung (vgl. WYSS 1975, S. 38 oder MONHEIM 1972, S. 140ff.) verantwortlich gemacht. Diese Probleme müssen sich zwangsläufig auf den Prozess und die Ziele der Entwicklungsplanung auswirken.

Die "übergeordneten Ziele" des Entwicklungsplanes von 1971 werden übernommen. Aber bereits bei den allgemeinen Entwicklungszielen des Nationalen Entwicklungsplanes 1975 - 1978 ist eine stärkere Ausdifferenzierung und eine Modifizierung der Gesamtstrategie vorhanden:

- Vertiefung und Konsolidierung der strukturellen Reformen;

- Partizipation der Bevölkerung in politischer, wirtschaftlicher, sozialer und kultureller Hinsicht;

- wirtschaftlicher Pluralismus mit dem Schwerpunkt des sozialen Eigentums;

- Erhöhung der Produktion und Verbesserung der Vermarktung;

- Reduzierung der Unterbeschäftigung und der Arbeitslosigkeit;

- Verringerung der sozio-ökonomischen Disparitäten zwischen den Departamentos und beschleunigte Entwicklung der Grenzregionen und

---

14 Die Auslandsverschuldung hatte sich bis 1975 auf ca. 2,9 Mrd. Dollar erhöht . Dies entspricht einer Verdreifachung seit 1968(zum Vergleich: 1985 betrug die Auslandsverschuldung Perus 13 Mrd. Dollar). Diese Entwicklung basiert auf dem Fallen der Weltmarktpreise für peruanische Exportprodukte, massiven staatlichen Subventionen für Grundnahrungsmittel und im Sozialbereich und stark gestiegene Militärausgaben (vgl. WYSS 1975; HEUER/OBERREIT 1981, S. 48ff., 71 ; SCHLEGEL 1980, S. 38ff.)

- eine effektive Kontrolle des Staates über die Nutzung der Bodenschätze (INP 1975, S. 7).

Agrarreformen stehen nicht mehr in einem solchen Maße im Vordergrund der Entwicklungsstrategie wie im Nationalen Entwicklungsplan 1971-1975. Dies trägt der Änderung der politischen Konzeption Rechnung, die sich besonders deutlich in der Garantie des Privateigentums an Grund und Boden widerspiegelt (VALDERRAMA 1977, S. 18ff.). Nach dem Schwerpunkt der genossenschaftlichen Eigentums- und Wirtschaftsformen während der ersten Hälfte der peruanischen Militärregierungen, wird nun der wirtschaftliche Pluralismus, wenn auch mit der Einschränkung "mit dem Schwerpunkt auf dem sozialen Eigentum", zum Ziel erhoben. Diese Entwicklung wird auch in anderen Wirtschaftsbereichen deutlich: Die Fischereiflotte wird repriviatisiert und ausländische Firmen werden wieder bei der Erdölexploration im Amazonasgebiet zugelassen (NEUE ZÜRCHER ZEITUNG 14.10.1976).

Die Ziele Erhöhung der Produktion, Verringerung der Unterbeschäftigung und der Arbeitslosigkeit und eine effektive Kontrolle des Staates über die Nutzung der Bodenschätze erfahren keine wesentliche Veränderung im Vergleich zum vier Jahre zuvor vorgelegten Entwicklungsplan.

Neu ist demgegenüber das Ziel, die sozio-ökonomischen Disparitäten zwischen den einzelnen Departamentos auch über die beschleunigte Entwicklung der Grenzregionen abzubauen. Dies schlägt sich in der Aufnahme einer zusätzlichen Kategorie innerhalb der "Zonen konzentrierter Aktion" nieder (INP 1975, S. 5).

Auf der Basis der Planungsdokumente ist die abnehmende Bedeutung des Industriesektors und der wachsende Stellenwert der Bereiche Bergbau und Erdölexploration für die nationale Wirtschaftsplanung feststellbar.

54

Es ist jedoch weniger die Förderung dieser beiden Wirtschaftsbereiche, als vielmehr die Konzentration der öffentlichen Investitionen auf einige "Schlüsselprojekte" (FÜRST
1981, S. 280)[15], die dieser Entwicklungsplan intendiert und
mit dem ein Wechsel der allgemeinen Ziele angedeutet wird
(vgl. auch Tab. 2 und 3).

3.2.2 Die Berücksichtigung der Regionalplanung in dem Nationalen Entwicklungsplan 1975 - 1978

Allgemein fällt auf, daß Regionalplanung nun nicht mehr als
die grundlegende Strategie zum Erreichen der angestrebten
Ziele angesehen wird[16], die zuvor beschriebenen Veränderungen innerhalb der allgemeinen wirtschaftspolitischen Ziele
haben sich also konsequenterweise auch in diesem Bereich
niedergeschlagen.

Vorangestellt werden muß einer Betrachtung über den Stellenwert der Regionalplanung, daß innerhalb des Nationalen
Entwicklungsplanes Begriffsbestimmung und -verwendung nicht
immer eindeutig sind und so die davon abgeleiteten konzeptionellen Vorstellungen innerhalb des gleichen Planes zu
zum Teil unterschiedlichen Ergebnissen kommen.

---

15 Vgl. FÜRST 1981, S. 279ff. Diese Verschiebung der Haushaltsansätze
ist mit Sicherheit vor dem Hintergrund der stark gestiegenen
Auslandsverschuldung und des daraus resultierenden Devisenbedarfs
zu sehen. Diese Zielsetzung mußte (eine aber nicht explizit
ausgesprochene) Zurücknahme zentraler Ziele des Entwicklungsplanes
von 1971 einschließen (Verminderung der äußeren Abhängigkeit,
Aufbau einer "comunidad industrial").

16 Im Nationalen Entwicklungsplan 1975-1978 werden unter dem Kapitel
"Multisektorale politische Maßnahmen" drei Unterkapitel ausgeglie-
dert: Maßnahmen, die der juristisch-politischen Struktur des
Staates und der sozialen Organisation dienen; Maßnahmen, die mit
der Organisation des Wirtschaftsraums verknüpft sind (dies
beinhaltet die "Zonen konzentrierter Aktion") und letztlich
Maßnahmen, die sozio-ökonomische Aspekte betreffen.

In seiner Grundkonzeption bleibt das Modell der "Zonen konzentrierter Aktion" bestehen. Zwei Zonentypen erfahren eine begriffliche Umbenennung, ein fünfter Typus wird aufgenommen, so daß sich folgendes Bild ergibt:

- Zonen komparativer Vorteile;

- Zonen prioritärer Städte (früher: Zonen relativ hoher Entwicklung);

- marginalisierte andine Bereiche (früher: Zonen der Bevölkerungssättigung);

- Grenzzonen der wirtschaftlichen Entwicklung und

- politische Grenzgebiete ("Zonas de frontera política").

Hat sich die allgemeine Konzeption demnach kaum verändert, so lassen sich doch einige Modifizierungen im Detail feststellen.

Die Ausweisung der "Zonen konzentrierter Aktion" ist deutlich detaillierter erfolgt (vgl. zu den einzelnen Zonen jeweils auch Karte 8)[17]. Zudem wurden im Vergleich neue Gebiete in diese Kategorie aufgenommen (zum Beispiel Tinajones, Jequepeteque, Majes). Dies entspricht auch einer sektoralen Erweiterung der "komparativen Vorteile" und unterstreicht die Tendenz, die seitherigen "Gunsträume" (gute infrastrukturelle Erschließung, Produktion für den Weltmarkt usw.) prioritär im Planungsprozeß zu behandeln. Das Departamento Ica fällt aus dieser Kategorie (ohne nähere Begründung) heraus.

---

17 Dies trifft auf das Departamento Piura zu. Während 1971 das gesamte Departamento – mit Ausnahme des Sierra-Teils – als "Zone komparativer Vorteile" eingestuft wurde, sind 1975 Talara und Bayovar als Standorte chemischer und petrochemischer Industrie, Paita als Fischereizentrum, Chira-Piura als Standort für landwirtschaftliche Intensivkulturen und die Stadt Piura als Standort für Agroindustrie ausgewiesen (vgl. INP 1975, S. 66ff).

Bei den "Zonen prioritärer Städte" handelt es sich um die nach Lima größten Städte des Landes. Diese Zone soll die Dekonzentration der industriellen Entwicklung forcieren und einen (nicht näher bezeichneten) "dynamischen Anstoß" für die räumliche Entwicklung liefern. Für die an der Costa liegenden städtischen Zentren werden darüber hinaus Strategien bezüglich der jeweiligen lokalen Industrietypen geplant. Die zukünftige Funktion der in Amazonien ausgewiesenen städtischen Zentren Iquitos und Pucallpa bleibt dagegen unklar (INP 1975, S. 16ff., 66ff., vgl. auch Karte 9).

Die "Grenzzonen der wirtschaftlichen Entwicklung" umfassen nur noch zwei Gebiete (die übrigen Agrarkolonisationsgebiete sind in die Kategorie "Politische Grenzgebiete" eingegliedert). Unklar bleibt die Abgrenzung und die zukünftige Funktion des in der zentralen Ceja de Selva gelegenen Gebietes (vgl. Karte 8). Das Fehlen detaillierterer Vorstellungen in den Planungsunterlagen für dieses Gebiet dürfte SCHUURMANs These einer unter der Regierung Morales Bermudez stark abnehmenden Bedeutung der Agrarkolonisation bestätigen (vgl. auch Kap. 2.3).

Allerdings sind fast alle Maßnahmen in den "Politischen Grenzgebieten" Agrarkolonisationsprojekte (vgl. Karte 10). Ausnahmen stellen die Planungen für Puno, Tumbes und Tacna dar. Letzteres kann als Reaktion auf die chilenische Entwicklungspolitik für die Region Nordchile angesehen werden (vgl. zur chilenischen Entwicklungsplanung BÄHR 1981, S. 62, 177ff.). Ein letztlich klarer Stellenwert der Agrarkolonisation ist durch die Plandokumente also nicht ersichtlich.

Die "Marginalisierten andinen Bereiche" entsprechen der früheren "Zone der Bevölkerungssättigung". Abgesehen von der Tourismusförderung für Cuzco/Puno werden wiederum kaum weitergehende, regionsspezifische Entwicklungsstrategien

Karte 8: <u>Die Zonen konzentrierter Aktion im Nationalen Entwicklungsplan 1975 - 1978</u>

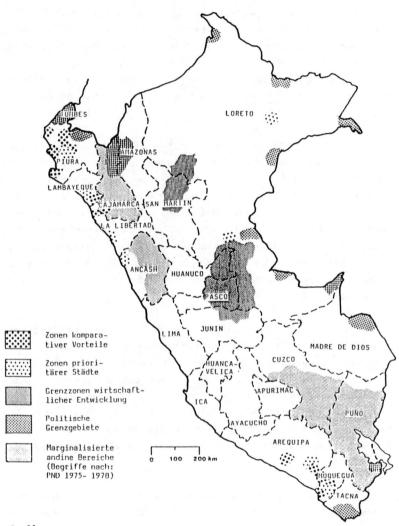

Zonen komparativer Vorteile

Zonen prioritärer Städte

Grenzzonen wirtschaftlicher Entwicklung

Politische Grenzgebiete

Marginalisierte andine Bereiche (Begriffe nach: PND 1975- 1978)

0   100   200 km

Quelle:
INP 1975.

58

Karte 9: <u>Regionalisierung und Raumordnung im Nationalen</u>
<u>Entwicklungsplan 1975 - 1978</u>

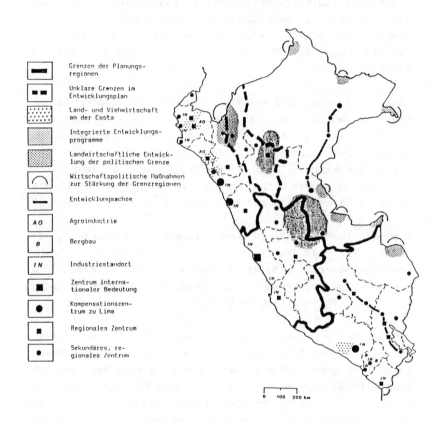

Grenzen der Planungs-
regionen

Unklare Grenzen im
Entwicklungsplan

Land- und Viehwirtschaft
an der Costa

Integrierte Entwicklungs-
programme

Landwirtschaftliche Entwicklung der politischen Grenze

Wirtschaftspolitische Maßnahmen
zur Stärkung der Grenzregionen

Entwicklungsachse

AG   Agroindustrie

B   Bergbau

IN   Industriestandort

Zentrum interna-
tionaler Bedeutung

Kompensationszen-
trum zu Lima

Regionales Zentrum

Sekundäres, re-
gionales Zentrum

0   100   200 km

Quelle:
INP 1975.

für diese Zone entworfen (vgl. INP 1975 mit der Darstellung der geplanten "sozialen Mobilisierung und Förderung grundlegender Wirtschaftsaktivitäten"). Die Rolle der Organisation "Sistema Nacional de Apoyo y Movilización Social" (SINAMOS) geht aus den Planungsunterlagen nicht hervor (zu SINAMOS vgl. MONHEIM 1981, S. 6f., PONGRATZ 1977, S. 113ff.).

Bewertet man nun das veränderte Modell der "Zonen konzentrierter Aktion", so ist zuerst auf die Vereinheitlichung der Kriterien für die Bezeichnung der Regionstypen hinzuweisen. Eine Ausnahme stellen lediglich die "Politischen Grenzgebiete" dar. Ihre völlig isolierte Lage läßt vermuten, daß es primär außen- und sicherheitpolitische Überlegungen sind, die 1975 zur Ausweisung dieser Zone führen.

Drei der fünf Zonentypen werden wesentlich exakter als 1971 lokalisiert (vgl. Karten 5 und 8). Nachvollziehbare Kriterien der Abgrenzung bestehen aber nach wie vor nicht. Dieses wichtige Kriterium für die Umsetzung des theoretischen Modells fehlt also 1975 weiterhin.

Ähnlich der ursprünglichen Form dieses Modells konzentriert sich die nähere Beschreibung der in den Regionen zu ergreifenden Maßnahmen auf die Costa. Die Förderung der landwirtschaftlichen Exportproduktion geht ausdrücklich in die Planung ein. Zusammen mit der dezidierteren Förderung der "Schlüsselprojekte" in den Bereichen Bergbau und Erdölförderung sollte dies als Folge auf die gewandelten wirtschaftlichen Rahmenbedingungen interpretiert werden.

3.2.3   Die Instrumente und Ziele der regionalen Ent-
         wicklungspolitik

Mit den vier Großregionen Norden, Zentrum, Süden und Osten
wird das allgemeine Regionalisierungsschema des nationalen
Entwicklungsplanes von 1971 übernommen. Die zweifelsohne zu
den zentralen Instrumenten regionaler Entwicklungspolitik
zu zählenden "Organismos de Desarrollo" sind bereits in Kapitel 3.1.3 behandelt.

Bezüglich der Abgrenzung der einzelnen Regionen zeigen sich
jedoch Modifizierungen. So könnte die Tatsche, daß das Departamento San Martin im Nationalen Entwicklungsplan 1975-
1978 einmal zum "Norden" und einige Seiten später zum
"Osten" gerechnet wird (vgl. INP 1975, S. 16ff.) als Hinweis interpretiert werden, daß Regionalisierung und darauf
aufbauende regionsspezifische Maßnahmen, da sie so
miteinander unvereinbar sind, keine große Bedeutung für die
tatsächliche Umsetzung der nationalen Wirtschaftspolitik
haben konnten. Welche Kriterien für die Abgrenzung bestimmend waren, bleibt unerwähnt.

Nach wie vor gilt die Leitvorstellung der Integration komplementärer Zonen. Nur in der Südregion entspricht die Maßnahmenplanung allerdings dieser übergeordneten Vorgabe. In-
tegrative Maßnahmen, zum Beispiel durch Straßenbau, fehlen
aber auch dort.

Im allgemeinen ist die Maßnahmenplanung an der Einteilung
der "Zonen komparativer Vorteile" ausgerichtet. Am deutlichsten ist diese Planung für die Nordregion, mit Abstri-
chen auch für die Südregion (dort nur für den Raum Are-
quipa-Ilo-Tacna) erstellt worden.

Einen qualitativen Fortschritt bezüglich des Instrumentariums regionaler Entwicklungsplanung stellt die Ausweisung

städtischer Zentren unterschiedlicher hierarchischer Ordnung dar. Die "Centros de apoyo" (etwa: regionale Versorgungszentren) sollen auch der Entwicklung von Kleinindustrie und Kunsthandwerk in Peru dienen (für eine Definition von Kleinindustrie vgl. PRESIDENCIA DE LA REPUBLICA 1984, für Kunsthandwerk MINKNER 1976, S. 10). Diese beiden Bereiche werden zum ersten Mal in einem regionalen Entwicklungsplan aufgenommen.

Für eine Bewertung der "Centros de apoyo" ist ein Blick auf den Stellenwert des Urbanisierungsprozesses im Plan del Peru angebracht. Die Verstädterung wird dort lediglich auf Lima bezogen, d.h. nur die nicht gewünschte Entwicklung (weitere Zentralisierung, Wachstum der Metropole) findet Eingang in die Planung. Mit den "Centros de apoyo" wird nun die Siedlungsstruktur im gesamten Land als relevant erachtet und in Verbindung damit eine regional gezielte Förderung von Kunsthandwerk und Kleinindustrie geplant. Das Moment der regionalen Wirtschaftsplanung bzw. -entwicklung findet also Eingang in das Instrumentarium der Regionalplanung.

Auch vom Standpunkt der zielbezogenen Umsetzung zentraler nationaler Ziele kann dies als ein Fortschritt gewertet werden, da nun mögliche Maßnahmen in den potentiellen Quellregionen der Migranten bereits in die Entwicklungsplanung aufgenommen sind.

Die geplante Ergänzung der "Centros de apoyo" durch "Programas Integrados de Desarrollo" (integrierte Entwicklungsprogramme) wird bezüglich ihrer genauen Funktionen und Ziele aber nur sehr vage formuliert (vgl. FÜRST 1981, S. 286, zu den "Centros de apoyo" auch JÜLICH 1979, S. 309).

In der Investitionsmittelplanung findet dieser Ansatz der Planung von Siedlungsentwicklung aber keine nachweisbare

Berücksichtigung. Die Modifizierung der Instrumente und der
Ziele regionaler Entwicklungsplanung kann daher als eher
"verbale Veränderungen" klassifiziert werden.

3.3   Zusammenfassung: Analyse der Regionalplanung
           unter Berücksichtigung der öffentlichen Inve-
           stitionen 1968 - 1980

Wenn bisher unter dem Begriff "Regionalplanung" bzw. "regional orientierter Planung" jeweils auf die in den Entwicklungsplänen genannten Zielvorstellungen Bezug genommen
worden war, so sollen diesem, in der Theorie vertretenen
Anspruch nun die tatsächlich realisierten Projekte gegenübergestellt werden. Als Bewertungskriterium dienen die öffentlichen Investitionen von 1968 bis 1980 (vgl. dazu,
falls nicht ausdrücklich anders erwähnt, RIZO PADRON 1982).

Die zu Anfang der beiden hier untersuchten Entwicklungspläne genannten "dauernden Ziele" haben keinen regionalen
Bezug und sind, da sehr allgemein gehalten, auch hinsichtlich ihrer Umsetzung kaum quantifizierbar (zu der "system-
tragenden Funktion" solcher Ziele vgl. BRÖSSE 1975, S. 30).

Demgegenüber erfordern die "allgemeinen Ziele" und die sektoralen Planungsansätze eine sorgfältigere Interpretation.
Um zu einer Aussage über die regionale und/oder sektorale
Allokation öffentlicher Investitionen zu kommen, werden die
vorliegenden Investitionszahlen nach vier Kriterien zusammengefasst:

- Lage der in der Investitionsmittelzuweisung priorisierten
  und marginalisierten Departamentos;

- Verteilung der öffentlichen Investitionen auf die Planungsregionen;

- Lage der Großprojekte im Vergleich zu der Lage der "Zonen konzentrierter Aktion" und

- departamentsbezogene Investitionen in den Bereichen Landwirtschaft, Industrie, Transport und Kommunikation.

Aus regionaler Sicht läßt sich, was durch die Lage der "Zonen konzentrierter Aktion" bereits vorgegeben war, eine deutlich dominante Stellung der Costa erkennen (vgl. Karte 10). In die Departamentos Ancash (Ancash ist in vielen Teilen ein typisches Sierra-Departamento, doch die Investitionen konzentrieren sich zu 44,8 % auf die Provinzen Santa (Hauptstadt Chimbote) und Huaraz, der Rest ist gleichmäßig auf 14 Provinzen verteilt), Arequipa, Lima und Piura, deren flächenmäßig größter Anteil jeweils zur Costa gehört, flossen mehr als die Hälfte (50,6 %) aller öffentlichen Investitionen. Demgegenüber entfielen auf Apurimac, Ayacucho, Cajamarca, Huancavelica, Huánuco, Junin. Pasco und Puno insgesamt nur 11,9 %. Der überwiegende Anteil dieser Departamentos liegt jeweils in der Sierra.

In den besonders marginalisierten Regionen des Landes wurde staatliche Entwicklungstätigkeit also nur in sehr begrenztem Umfang durchgeführt. Die in der Endphase der Militärregierungen implementierten "Proyectos de Interés Local" (Projekte lokaler Bedeutung) stellen einen minimalen Versuch zum Ausgleich der Entwicklungsunterschiede dar. Auf die Konzeption, Zielsetzung und Durchführung geht auch RIZO PADRON nicht näher ein.

Eine Gruppierung der öffentlichen Investitionen auf der Basis der vier Planungsregionen ließe sich als ein Ansatz zu einer regional ausgeglicheneren Gestaltung der staatlichen Entwicklungstätigkeit interpretieren (vgl. Tab. 2). Eine nähere Aufschlüsselung dieser Zahlen zeigt aber, daß zwischen 1968 und 1980 sowohl regional als auch sektoral eine deutliche Konzentration der staatlichen Investitionstätig-

Karte 10: <u>Die öffentlichen Investitionen in den Departamen-</u>
<u>tos 1968 - 1980 (in %)</u>

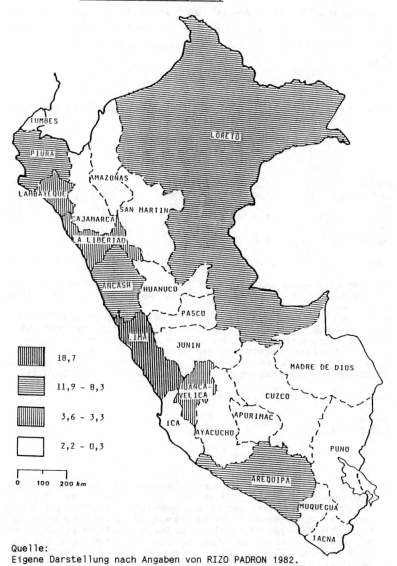

Quelle:
Eigene Darstellung nach Angaben von RIZO PADRON 1982.

keit auf einige wenige Projekte stattfindet. 36,7 % der Investitionen in dieser Zeitspanne konzentrieren sich auf 10 Großprojekte[18] die entweder an der Costa liegen oder auf die Costa und/oder den Export ausgerichtet sind. Letzteres gilt zum Beispiel für den Pipelinebau und die Erdölförderung.

Tabelle 2: **Verteilung der öffentlichen Investitionen nach Planungsregionen (in %)**

	Gesamt	Landwirt-schaft	Industrie[1]	Trans-port
Norden	28,2	45,59	86,45	16,57
Zentrum	27,4	6,38	9,25	36,7
Süden	17,7	43,44	3,8	23,32
Osten	10,6	4,59	0,5	23,41
Multi-departamental	16,1	--	--	--
Summe	100,0	100,0	99,00	100,0

Die Grenzen zwischen den einzelnen Planungsregionen beziehen sich auf INP 1975. Die einzelnen Departamentos werden demnach wie folgt zugeordnet:
Norden: Ancash, Cajamarca, La Libertad, Lambayeque, Piura und Tumbes; Zentrum: Ayacucho, Huancavelica, Huánuco, Ica, Junin und Lima; Süden: Apurimac, Arequipa, Cuzco, Madre de Dios, Moquegua, Puno und Tacna; Oriente: Amazonas, Loreto und San Martin. In diesem Fall ist die Abgrenzung des Oriente gegenüber dem Norden innerhalb der "regionsspezifischen Maßnahmen" zugrunde gelegt, INP 1975, S. 87 ff.

1 nationale und regionale Bedeutung

Quelle:
RIZO PADRON, 1982.

---

18 Die Konzentration auf wenige Einzelmaßnahmen ist auch in den Departamentos Amazonas (58,47 %), Ancash (57,61 %), Arequipa (72,89%), Huancavelica (89,74 %), Huánuco (67,93 %), La Libertad (56,81 %), Lambayeque (54,08 %), Loreto (60,61 %), Madre de Dios (62,30 %), Moquegua (50,09 %), Pasco (60,98 %), Piura (61,04 %) und San Martin (60,94 %) zu beobachten. Jeweils nicht mehr als drei Einzelprojekte lassen sich mindestens zu der Hälfte der departamentalen Investitionen aufsummieren.

Exportproduktion muß nicht zwangsläufig regional negative Auswirkungen nach sich ziehen. In der Zeitspanne 1968 bis 1980 profitieren in Peru jedoch die Regionen von der staatlichen Förderung, die ohnehin zu den Gunsträumen zu zählen sind.

Diese Konstellation kann weder als ein Beitrag zu dem Ziel einer "sich selbst tragenden Entwicklung" noch zu dem eines Ausgleichs der intradepartamentalen Entwicklungsunterschiede gewertet werden. Entwicklungsplanung und Investitionstätigkeit des Staates weisen demnach Diskrepanzen auf.

Die oben erwähnten Großprojekte müssen nicht notwendigerweise in einer "Zone konzentrierter Aktion" liegen, wie das Wasserkraftwerk am Mantaro oder die Zinkaufbereitung im Departamento Lima belegen (vgl. Karten 8, 10). Die sowohl 1971 als auch 1975 als raumordnerisches Instrument in die jeweiligen Entwicklungspläne aufgenommenen und als solche interpretierten (WALLER 1971, HILHORST 1979, FÜRST 1980) "Zonen konzentrierter Aktion" haben für die Investitionsmittelzuweisungen also keine unmittelbare Leitfunktion.

Das bisherige läßt aber die folgenden Schlußfolgerungen zu: Zwischen 1968 und 1980 wird ein erster Schritt in Richtung Abbau der Konzentration öffentlicher Investitionen im Departamento Lima gemacht. Nur eines der zehn Großprojekte des Landes liegt im Departamento Lima.

In der erwähnten Zeitspanne erfolgt eine markante Konzentration der öffentlichen Investitionen auf einige Regionen der Costa (Chira-Piura, Tinajones, Chimbote, Trujillo, Arequipa). Dies muß sich auf die sozio-ökonomische Lage in den betreffenden Regionen auswirken. Von einer sich langfristig diesbezüglich verbessernden Ausstattung und möglicherweise auch von einer steigenden Attraktivität kann ausgegangen werden.

Von einer derartigen Investitionsmittellenkung kann aber kein wesentlicher Beitrag zur Umsetzung der Entwicklungsziele einer besseren Bevölkerungsverteilung im Staatsgebiet oder des Abbaus der sozio-ökonomischen Disparitäten zwischen den Departamentos erwartet werden: das eigentliche Problemgebiet - die Sierra - bleibt in der Investitionsmittelzuweisung fast unberücksichtigt.

Ein Blick auf die sektorale Allokation öffentlicher Investitionen macht deutlich, daß die Bereiche Landwirtschaft, Industrie sowie Transport und Kommunikation zu den am meisten von der staatlichen Investitionstätigkeit profitierenden zählen[19].

Anhand der drei ausgewählten Beispiele läßt sich ablesen, daß es auch innerhalb der Sektoren zu einer deutlichen Konzentration der eingesetzten Mittel kommt, die sich sowohl auf die sektorale Aufgliederung nach Departamentos, als auch auf die vier Großregionen beziehen läßt.

In der Landwirtschaft wird vor allem der moderne, zum Großteil auf den Export ausgerichtete Teilbereich gefördert. Es bestehen markante regionale Schwerpunkte (Chira-Piura/De-

---

19 Für insgesamt 13 Sektoren wurden Entwicklungspläne aufgestellt, lediglich für 11 Sektoren wird aber eine Investitionsplanung ersichtlich. Die hier gewählten Beispiele (Landwirtschaft, Industrie und Transport) sind die Sektoren, die - abgesehen von den Plänen für Elektrifizierung und Erdölexploration und -förderung - den größten Anteil am Gesamtvolumen aufweisen. Auf die beiden Bereiche wurde verzichtet, da die Erdölexploration nur zwei Departamentos betraf (Loreto, Piura), also nicht für das ganze Land unmittelbare Auswirkungen hatte, während die Elektrifizierung mit Sicherheit eine wichtige Voraussetzung darstellt, für sich alleine aber noch keinen Entwicklungsprozeß initiieren kann.

partamento Piura, Tinajones/Departamento Lambayeque, Majes/Departamento Arequipa, vgl. auch Tab. 2 und 3).

Eine Ausnahme bildet das Departamento San Martin (3,56 % der Investitionen im Landwirtschaftssektor). Diese Summe und die Verwendung könnten ein Hinweis sein, daß die Militärregierungen zumindest die begonnenen Kolonisationsvorhaben förderten.

Die Sierra und damit die Region, in der Landwirtschaft mit sehr geringer Produktivität betrieben wird, bleibt weitgehend unberücksichtigt. Zwischen dem Ziel des Nationalen Entwicklungsplans, das Produktionsniveau der Landwirtschaft allgemein zu erhöhen (INP 1971a, S. 84) und der Realität ist also ein "Bruch" festzustellen. Die Zuweisungen öffentlicher Investitionen scheinen eher an dem Ziel der Exportförderung und Devisenerwirtschaftung ausgerichtet zu sein.

Noch weit ausgeprägter ist die Konzentration der staatlichen Investitionen im Industriebereich. Berücksichtigt man sämtliche Investitionen (Projekte "regionaler" und "nationaler" Bedeutung; ein genaues Kriterium der Abgrenzung wird nicht gegeben), dominiert eindeutig die Nordregion und innerhalb dieser die Achse Trujillo-Chimbote, wo alle Projekte "nationaler" Bedeutung angesiedelt sind. Dies entspricht dem Planungsvorhaben der Industrieförderung in dieser Zone und kann als Ansatzpunkt zur "Dekonzentration der Industrieansiedlungen" aufgefasst werden (INP 1975).

Dabei darf aber bezüglich Chimbote nicht übersehen werden, daß die Stadt in der vom Erdbeben 1970 betroffenen Zone liegt, und aus diesem Grund zu Anfang der 70er Jahre von dem speziellen staatlichen Entwicklungsprogramm für dieses Notstandsgebiet (Projekte der CRYRZA) profitiert.

Die Industrieförderung im Raum Trujillo/Chimbote zeigt die Charakteristika einer Wachstumspolstrategie, wobei auf der Grundlage des vorliegenden Materials aber nicht endgültig entschieden werden kann, ob die massiven staatlichen Investitionen in erster Linie "Enklavenindustrien" oder aber Branchen fördern, von denen langfristig positive Entwicklungseffekte auf vor- und nachgelagerte Betriebe in der Region zu erwarten sind (zur Struktur der Kleinindustrie in Trujillo vgl. zum Beispiel RODRIGUEZ VASQUEZ 1985).

In der Südregion fehlen derartig umfassende Investitionsprojekte völlig. Berücksichtigt man aber den, gemessen am Landesdurchschnitt, relativ hohen Prozentsatz "bodenständiger Betriebe" in Arequipa (vgl. ZARAUS 1984), können die hohen Investitionen für Industrieprojekte regionaler Bedeutung als Ansatz zu einer Dezentralisierung in diesem Sektor interpretiert werden.

Nicht nachzuvollziehen ist anhand des verfügbaren Materials die Entwicklung in der Region Bayovar-Talara-Piura, der im Industrieentwicklungsplan eine überregionale Bedeutung zugedacht worden war.

Von den Zielen für den Industriesektor (INP 1975, S. 52ff.) ist die Förderung von Projekten, die der Devisenerwirtschaftung dienen, als das absolut Vorrangige anzusehen. Als maßgeblicher Grund für diese Gewichtung der Planziele sollte der begrenzte politische und vor allem wirtschaftliche Spielraum der peruanischen Regierung gesehen werden.

Für den Bereich Transport und Kommunikation kann auf der Ebene der vier Planungsregionen eine relativ ausgeglichene InvestitionsmittelzuweISung konstatiert werden (vgl. Tab. 2). Sieht man von den Zuweisungen an das Departamento Lima ab, zeigt auch eine weitergehende Differenzierung der staatlichen Entwicklungsmaßnahmen diesem in Bereich keine derartige Dominanz eines Departamentos, wie in den zuvor behandelten Bereichen (vgl. auch Tab. 3). Das Ziel einer besseren wirtschaftlichen und sozialen Verknüpfung des Landes (INP 1975, S. 56ff.) wird also mit Hilfe der Investitionsmittelzuweisungen in die Praxis umgesetzt. Die relativ hohen Prozentwerte innerhalb der regionalen Zuweisungen Huánuco und Loreto (vgl. Tab. 3) können auf das Straßenbauprojekt La Oroya-Pucallpa zurückgeführt werden, während die Aufwendungen in den Departamentos Cajamarca und San Martin in dem Straßenbau Jaen-San Ignacio-Rio Nieva-Tarapoto eine Erklärung finden. Durch beide Maßnahmen wird also dem in der Planung festgeschriebenen Ziel einer Ausdehnung des nationalen Wirtschaftsraumes Rechnung getragen (INP 1975, S. 56ff.).

Vergleicht man zusammenfassend die auf der Basis der Investitionsmittelzuweisungen gefundenen Ergebnisse staatlicher Regionalpolitik mit den Zielen einer regional orientierten Planung in den Nationalen Entwicklungsplänen 1971 und 1975, kann festgestellt werden: Insgesamt gesehen haben die "Zonen konzentrierter Aktion" für die Allokation staatlicher Investitionen in dieser Zeitspanne wenig oder kaum Bedeutung. Inwieweit die Ausweisung dieser Zonen eine Leitfunktion für private Investoren hatte, ist nicht zu überprüfen.

Die starke Förderung ausgewählter Regionen an der Costa ist jedoch schon in der Entwicklungsplanung angelegt.

Die bereits zuvor dargestellten Diskrepanzen zwischen der Bedeutung der "Zonen konzentrierter Aktion" in den Nationalen Entwicklungsplänen und den tatsächlichen Investitionen in der gleichen Zeit lassen vermuten, daß trotz wiederholter Bezugnahme (als raumordnerische Maßnahme in den Entwicklungsplänen) andere als die offiziell genannten Ziele die Raumordnungspolitik in Peru zwischen 1971 und 1978 bestimmen.

Tabelle 3: Öffentliche Investitionen in den Sektoren Landwirtschaft, Industrie, Transport und Kommunikation 1968 - 1980 (in %)

	Landwirt-schaft	Industrie	Transport
Amazonas	0,15	-	0,21
Ancash	3,22	67,40	8,96
Apurimac	0,22	-	0,81
Ayacucho	0,86	-	1,52
Cajamarca	0,79	-	4,75
Cuzco	0,70	0,42	6,72
Huancavelica	0,06	-	0,89
Huánuco	0,62	0,06	7,02
Ica	0,32	0,36	2,23
Junin	0,45	-	3,10
La Libertad	1,15	18,49	2,47
Lambayeque	12,71	0,22	1,50
Lima	3,98	8,82	16,07
Loreto	0,88	0,50	12,57
Madre de Dios	0,09	-	1,41
Moquegua	0,16	0,13	2,08
Pasco	0,09	-	1,12
Piura	26,61	0,33	3,02
Puno	0,64	-	4,35
San Martin	3,56	-	10,63
Tacna	0,42	-	1,52
Tumbes	1,11	-	0,62

Quelle:
Eigene Zusammenstellung auf der Grundlage von RIZO PADRON 1982.

4   ALLGEMEINE LEITGEDANKEN DER ENTWICKLUNGSPLANUNG
         DER ZWEITEN REGIERUNG BELAUNDE (1980 - 1985)

4.1   Die Ausgangsbedingungen

Bevor die Ziele der zweiten Regierung Belaunde (1980-1985)
beschrieben werden, um das Erreichte auf dessen Wirksamkeit
zu analysieren, soll auf die Faktoren eingegangen werden,
die seine Konzeption maßgeblich bedingten.

Belaunde errang bei den Präsidentschaftswahlen im Jahr 1980
mit 47 % der Stimmen eine relativ breite Mehrheit (vgl.
FRANKFURTER RUNDSCHAU 15.11.1983), die auf einige wesentli-
che Gründe zurückgeführt werden kann. Auf der einen Seite
ist die Zerstrittenheit des wichtigsten parlamentarischen
Gegners der, "Alianza Popular Revolucionaria Americana"
(APRA), zu nennen. Im Sinne der weiter unten getroffenen
Differenzierung in "endogene" und "exogene" Gründe für den
Wahlsieg, handelt es sich hierbei um den zuerst genannten
Komplex. Erst die Uneinigkeit der APRA bei den Präsident-
schaftswahlen 1980 ermöglichte, daß Belaunde aus diesen
Wahlen als Sieger hervorging und sein Programm (vgl. Kap.
4.2) realisieren konnte[1].

---

1 Bei den Wahlen zur Verfassungsgebenden Versammlung 1978 entfielen
   auf die APRA, als damals noch stärkste Partei, 36 %. Die "Partido
   Popular Cristiano" (PPC) erreichte als zweitstärkste Fraktion 26 %.
   12 % entfielen auf ein Bündnis zum Großteil trotzkistischer Gruppen. Nach dem Tode ihres Führers Haya de la Torre konnte sich die
   APRA zwei Jahre später nicht mehr auf einen, von allen Parteimit-
   gliedern unterstützten Kandidaten einigen (SCHLEGEL 1980, S.
   40ff.).

Wichtiger aber noch ist die sich rapide verschlechternde wirtschaftliche Lage in Peru als Ausgangsbedingung zu beurteilen. Die 1975 offenbar werdende Wirtschaftskrise und damit verbundene Zahlungsbilanzschwierigkeiten hatten den Spielraum der peruanischen Regierung bedeutend eingeengt. So mußte bereits 1976 ein wirtschaftliches Notprogramm verabschiedet werden, das einschneidende Sparmaßnahmen beinhaltete (Abwertung des Sol, Preissteigerungen bei Grundnahrungsmitteln, Benzin und Kerosin sowie Anhebung der Preise im öffentlichen Nahverkehr; SCHLEGEL 1980, S. 37)[2]. Dieses Programm ist nach den Vorgaben des Internationalen Währungsfonds und der Weltbank aufgestellt, um einen 400-Millionen-Dollar Kredit zu erhalten. Die Kreditaufnahme war notwendig geworden, da sich zu Beginn des Jahres 1976 abzeichnete, daß die Ende des gleichen Jahres fälligen Rückzahlungen von 318 Millionen Dollar ansonsten nicht geleistet werden könnten (SCHLEGEL 1980, S. 38).

Es soll an dieser Stelle nicht über die Gründe diskutiert werden (vgl. Kap. 3.2.1), es bleibt aber festzuhalten, daß die peruanische Auslandsverschuldung in der 2. Hälfte der 70er Jahre konstant gestiegen war und der Anteil des Schuldendienstes am Exporterlös jeweils 50 % oder mehr betrug. Peru mußte auf diese Weise im hohen Maße von ausländischen Krediten abhängig werden oder bleiben.

Im Jahr 1979 kam es zwar zu einem deutlichen wirtschaftlichen Aufschwung in Peru, der aber im wesentlichen auf einen

---

2 Privatbesitz an Grund und Boden wird wieder ausdrücklich garantiert (VALDERRAMA 1977, S. 18ff.), die Fischereiflotte reprivatisiert (SCHLEGEL 1980, S. 38) und ausländische Firmen werden bei der Erdölexploration und -förderung wieder zugelassen. Das Gesetz zur "Arbeitsplatzstabilität" (ein sehr weitgehender Kündigungsschutz für Arbeitnehmer) wird wieder modifiziert (NEUE ZÜRCHER ZEITUNG 14.10.1976).

außergewöhnlichen Anstieg der Exporte zurückgeführt wurde[3].
Relativ früh werden jedoch Stimmen laut, die diese fast
auschliesslich auf der Exportsteigerung aufbauende wirtschaftspolitische Konzeption als eine "soziale Zeitbombe"
bezeichnen (SCHLEGEL 1980, S. 45f.).

Die finanzielle Unterstützung ist von periodischen Überprü-
fungen des Internationalen Währungsfonds (IWF) abhängig
(SCHLEGEL 1980, S. 44). Das Sanierungsprogramm des Internationalen Währungsfonds wird 1981 als weitgehend abgeschlossen beurteilt (HANDELSBLATT 15.1.1981), doch bereits 1982
hat sich die wirtschaftliche Lage so weit verschärft, daß
mit dem Internationalen Währungsfond erneut über einen Kredit verhandelt werden muß (DEUTSCH-SÜDAMERIKANISCHE BANK,
Mai und August 1982).

Ein Jahr nach dem Regierungsantritt Belaundes legt die
Weltbank ihre Länderstudie Peru vor. Auch dort wird die
Konsolidierung des Staatshaushaltes als vordringlich einge-
stuft (WORLD BANK 1981, S. 1). Darüber hinaus beziehen die
Verfasser aber auch die folgenden, aus ihrer Sicht lang-
fristigen Entwicklungsprobleme Perus in ihre Analyse ein:

- eine weit verbreitete Armut, besonders in der südlichen
  Sierra;

- ein rapides Bevölkerungswachstum;

- eine zunehmende Land-Stadt-Wanderung;

- ein allgemein schlechter Gesundheitszustand der Bevölkerung;

- hohe Kindersterblichkeit und

---

3 Die wirtschaftlichen Erfolge waren auf Exportsteigerungen im Bergbau (Zunahme der Produktion: Eisen + 19,1 %, Zink + 10 %, Kupfer +
  6,1 %) und im Fischereisektor (Steigerung der Anchovis-Fänge, keine
  genaueren Angaben) zurückzuführen (vgl. BUNDESSTELLE FÜR AUSSENHAN-
  DELSINFORMATIONEN Februar 1980 und SCHLEGEL 1980, S. 45).

- die Notwendigkeit der besseren Integration der verschiedenen Regionen (WORLD BANK 1981, S. ii).

Wesentliche Impulse werden im Bereich der landwirtschaftlichen Entwicklung von der Erschließung der Ceja de Selva erwartet (vgl. Kap. 4.4.2), die ein großes Potential habe und
billiger erschlossen werden könne als eine weitere Ausdehnung des Bewässerungslandes an der Costa. Generell sei
der Verbesserung der bestehenden Bewässerungssysteme Priorität vor dem Neubau anderer einzuräumen (WORLD BANK 1981,
S. 48f.).

Die Kreditvergabe der Weltbank richtet sich an der getroffenen Problemanalyse aus.

Die "Länderstudie Peru" der Weltbank erscheint kurz nach
dem Regierungsantritt Belaundes 1981 (Regierungsantritt:
27. Juli - Veröffentlichung der Weltbankstudie: August
1981). Ob sie unmittelbaren Einfluß auf die Entwicklungsplanung Belaundes genommen hat - etwa im Sinne der
Erfüllung bestimmter finanzpolitischer Vorgaben - geht aus
keiner der Regierungserklärungen der Jahre 1981 bis 1984
hervor (vgl. Kap. 4.2).

Es sollte aber schon an dieser Stelle festgehalten werden,
daß die Gesamtsumme von 970,2 Millionen Dollar, die die
Weltbank im Zeitraum 1980 - 1984 in Peru investiert (WELT-
BANK: Jahresberichte 1980 bis 1984, vgl. auch Kap. 4.5.3)
sich auch in regionalen und sektoralen Präferenzen widerspiegelt. Diese Schwerpunkte müssen dann notwendigerweise in der Entwicklungsplanung der peruanischen Regierung
einen Niederschlag finden.

Zu den "exogenen" Ausgangsbedingungen muß ganz eindeutig
die Konsolidierung der Staatsfinanzen gerechnet werden. Da
zum Abzahlen der Auslandsschulden Devisen erwirtschaftet

werden müssen, die nach Überzeugung eines der wichtigsten Geldgebers (Weltbank) nur über die Liberalisierung der Wirtschaftspolitik für die Staaten der Dritten Welt erfolgreich zu realisieren war, mußte die Orientierung auf die Exportförderung eine notwendige Maßnahme werden[4]. Als erfolgreiche Beispiele einer Industrialisierung werden von der Weltbank die völlig unterschiedlich strukturierten Staaten Singapur, Südkorea und Spanien herausgestellt, obwohl hätte deutlich sein müssen, daß Entwicklungskonzeptionen nicht zwischen so verschieden strukturierten Staaten übertragbar sind (vgl. Kap. 2.1).

Belaundes Politik ist neben den bisher beschriebenen "exogenen" Ausgangsbedingungen (Verschuldung, Vorgaben für die Wirtschaftspolitik vom wichtigsten Schuldner) aber auch von einigen Faktoren "endogener" Art bestimmt. Neben der bereits erwähnten Uneinigkeit der APRA ist in diesem Zusammenhang besonders die Tatsache zu nennen, daß Reformprogramme, die 1968 noch von einer breiten Mehrheit der Bevölkerung getragen worden waren, nun aufgrund der dauernden offensichtlichen Diskrepanzen zwischen Programmen und tatsächlicher Umsetzung von der Mehrheit abgelehnt werden (CABALLERO 1980, S. 82; DOLZER 1979, S. 103; SAMANIEGO 1980).

Selbst die in der Konzeption der Agrarreform als begünstigt vorgesehenen Campesinos stehen dieser nun ablehnend gegenüber (CABALLERO 1980, S. 96/97). Belaunde kann 1980 also für sein Programm der Ausdehnung des Bewässerungslandes an der Costa und einer Wiederaufnahme der Kolonisation in der Selva von einer breiten Unterstützung ausgehen.

---

4 Prioritäten sollen nach Überzeugung der Weltbank in den Sektoren Bergbau, Erdölförderung und in dem Aufbau einer Agroindustrie in der Selva liegen; NEUE ZÜRCHER ZEITUNG 29.10.1980.

Andererseits macht die sich seit 1978 von einer zunehmenden Anzahl Streiks bestimmte innenpolitische Auseinandersetzung[5] klar, daß staatliche Entwicklungsplanung auch von einer steigenden Armut im Land bestimmt werden wird. Damit ist absehbar, daß Entwicklungsplanung auch als ein Mittel der innenpolitischen Stabilisierung eingesetzt werden kann[6].

Die Ausgangsbedingungen der Regierung Belaunde im Jahr 1980 lassen sich also in große Komplexe gliedern - endogene und exogene Faktoren. Da sich die einzelnen Faktoren auch gegenseitig beeinflussten bzw. verstärkten, müssen sie in ihrer Wirkung in Zusammenhang gesehen werden. Inwieweit diese Faktoren als Ausgangsbedingung in die Politik Belaundes eingingen, ob Entwicklungsplanung auf einzelne Probleme (zum Beispiel: Konsolidierung des Haushaltes) oder auf den Gesamtkomplex (Beseitigung struktureller Mängel) abzielte, soll der Gegenstand des folgenden Kapitels sein (vgl. Kap. 4.2).

---

5 Als Beispiele mögen stehen: Mai 1978 Streik der Lehrer, August 1978 Streik im Minenzentrum, März 1979 Streik in den Minenzentren, Juni 1979 Streik der Lehrergewerkschaft und Proteste der Bevölkerung gegen Fahrpreiserhöhungen, Landinvasionen in den Departamentos Cuzco und Puno (SCHLEGEL 1980, S. 49ff.).

6 Am meisten genannt im Zusammenhang mit innenpolitischer Instabilität in Peru werden die Terroraktionen des "Sendero Luminoso" (Leuchtender Pfad). Dessen Aktionen konzentrieren sich vor allen Dingen auf die Departamentos Ayacucho, Apurimac und Huancavelica. Dies sind zugleich die ärmsten Gebiete des Landes (vgl. auch Kap. 4.3). Erste Aktionen des "Sendero Luminoso" lassen sich auf 1980 terminieren, deutlich in das Bewußtsein der Öffentlichkeit rückt die Gruppe seit Anfang 1982. Zu "Sendero Luminoso", seiner Ideologie, der Strategie, einer bisherigen Bilanz vgl. QUE HACER Nr. 30, S. 8-25 und Nr. 31, S. 20-36. Innenpolitische Instabilität im Sinne von Terrorismus kann zu Beginn der Regierung Belaunde also noch keine überdurchschnittliche Bedeutung als Determinante der Entwicklungsplanung haben - für die 2. Hälfte der Regierungszeit aber mit Sicherheit.

4.2 Die wesentlichen Ziele der nationalen Planung

Da ein offiziell publizierter Entwicklungsplan nicht vorliegt (persönliche Informationen von Herrn CABRERA, INP-
Lima, 10.7.1986), sollen anhand der Regierungserklärungen
der Jahre 1981 bis 1984 die wesentlichen Ziele der nationalen Planung der zweiten Regierung Belaunde herausgestellt
werden.

Insgesamt läßt sich für die Zeitspanne dieser vier Jahre
keine stringente Ordnung in primäre und sekundäre Entwicklungsziele herauslesen. Ein Hinweis auf eine solche Ordnung
gibt lediglich die Regierungserklärung des Jahres 1981, in
der die Förderung der Basissektoren, der Landwirtschaft und
der gewerblichen Produktion[7] als grundlegende Entwicklungsziele bezeichnet werden.

Es lassen sich deutlich die Vorgaben des Internationalen
Währungsfonds erkennen. Die Beschreibung der konkreten Maßnahmen, die zur Erreichung dieses primären Zieles zu er-
greifen sind, wird zunehmend unpräziser[8]. So spricht die
Regierung im Jahr 1984 schließlich von dem wirtschaftspolitischen Ziel der "Austerität ohne Rezession" einem Zustand,

---

7 Vgl. PRESIDENCIA DE LA REPUBLICA (1981, S. 20ff.), "...una politica
   coherente, dirigida al fomento de los sectores básicos, la manufactura y a la exportaciòn." (Eine kohärente Politik, die auf die
   Stärkung der Basissektoren, der gewerblichen Produktion und des Exports ausgerichtet ist). Der Begriff "sectores básicos" wird nicht
   näher erläutert.

8 Vgl. PRESIDENCIA DE LA REPUBLICA für die jeweiligen Jahre: 1981
   Verminderung der Staatsausgaben, Überprüfung der Wirtschaftstätig-
   keit des Staates (vgl. auch die Vorgaben des Internationalen Währungsfonds für den Kredit 1976, vgl. Kap. 4.1); 1982 Reaktivierung
   der Produktion und Inflationsbekämpfung (noch viel deutlicher brin-
   gen diese Verknüpfung A. Garcia in LA REPUBLICA 6.6.1985 und BETAN-
   CUR 1983); 1983 strenge Austerität und Exportsteigerung; 1984
   Austerität ohne Rezession.

der "wirtschaftlich ein noch nicht gelöstes Kunststück" (BRANDT 1984, S. 5) darstellt.

Die Umsetzung der nationalen Entwicklungsplanung erfolgt auf drei, mit unterschiedlichen Kompetenzen versehenen Planungsebenen (vgl. Kap. 4.5.1).

Die Abhandlung der einzelnen Ziele geschieht nachfolgend in der durch die Regierungserklärungen vorgegebenen sektoralen Reihenfolge, und nicht nach der jährlichen Chronologie (vgl. Tab. 4).

Im Bereich der Landwirtschaft sollen die Steigerung der Produktion und die Erhöhung der Produktivität durch die Ausdehnung der landwirtschaftlichen Nutzfläche erreicht werden. Dies beinhaltet zum einen die Intensivierung der Arbeiten in den großen Bewässerungsprojekten an der Costa[9], zum anderen die Agrarkolonisation in der Ceja de Selva (vgl. Tab. 4)[10].

Dieser regionalen Priorisierung wird durch die Gründung des "Instituto Nacional de Desarrollo" (INADE) auch auf administrativer Ebene Rechnung getragen.

Bezüglich der Industrieentwicklung wird die allgemeine Forderung einer Vereinfachung der Bürokratie erhoben (PRESIDENCIA DE LA REPUBLICA 1981), dieses Ziel aber auch dahingehend spezifiziert, daß ein Industriegesetz mit "dezen-

---

9 Es handelt sich um: Chira-Piura, Olmos, Tinajones, Jequepeteque, Chavicmochic und Majes (vgl. Kap. 4.4.1).

10 Agrarkolonisation wird in der Folgezeit dahingehend konkretisiert, daß der Schwerpunkt auf der zentralen Ceja de Selva, d.h. Pichis-Palcazú liegen soll (PRESIDENCIA DE LA REPUBLICA 1982), die Entwicklung entlang der Erschließungsstraßen, im wesentlichen der Carretera Marginal, verlaufe (PRESIDENCIA DE LA REPUBLICA 1982 und 1984).

tralisierendem" Charakter notwendig ist (PRESIDENCIA DE LA
REPUBLICA 1982)[11] und ein weiterer sektoraler Impuls durch
die Forcierung der Faktibilitätsstudien für Industrieparks
sowie die Implementierung derselben zu erwarten ist
(PRESIDENCIA DE LA REPUBLICA 1983 und 1984).

Industrie- und Tourismusentwicklung fallen in Peru in den
Zuständigkeitsbereich des gleichen Ministeriums. Für den
zweiten wesentlichen Bereich dieses Ministeriums, den Tourismussektor, wird eine Reaktivierung konkret von dem PLAN
COPESCO II erhofft[12].

Von dem Sektor Bergbau und Energie wird ein wesentlicher
Impuls zur Überwindung der Krise erwartet, da zum einen 69%
der Deviseneinkünfte des Landes bereits in diesem Bereich
erwirtschaftet werden (PRESIDENCIA DE LA REPUBLICA 1981)
und darüber hinaus zusätzliche Impulse von einer Intensivierung der Erdölförderung zu erwarten sind (PRE-
SIDENCIA DE LA REPUBLICA 1982). Obwohl bereits ein Jahr
nach Verkündigung dieses Zieles die Weltmarktpreise für
Erdöl stark fallen, wird auch weiter auf das "Zugpferd"
Erdöl bei der Überwindung der Wirtschaftskrise gesetzt
(PRESIDENCIA DE LA REPUBLICA 1984).

Die erdölverarbeitende Industrie, die sich zum Großteil in
der nördlichen Grenzregion (Departamento Piura) des Landes
befindet, soll "dezentralisiert" und aus wirtschaftlichen

---

11 Der dezentrale Charakter wird in diesem Zusammenhang als Förderung
der Grenzregionen verstanden. Ähnliche Gedanken (Industrieförderung
in Tacna) finden sich bereits im Raumordnungsmodell des INP 1975.

12 Der von der "Banco Interamericano de Desarrollo" (BID) bewilligte
Kreditantrag für COPESCO II wurde von der peruanischen Seite jedoch
nicht gegengezeichnet (persönliche Informationen von Herrn VILLA-
FUERTE, COPESCO, 29.3.1985).

und aus Gründen der "nationalen Sicherheit" in die Zentralzone verlagert werden (PRESIDENCIA DE LA REPUBLICA 1981)[13].

Schließlich wird die Elektrifizierung des gesamten Landes
angestrebt (vgl. Tab. 4). Prioritär sollen die Großkraft-
werke Charcani (Energieversorgung Cerro Verde und der Stadt
Arequipa), Machu Picchu (Energieversorgung der Minen von
Tintaya) und Restitución (Stromerzeugung für Lima) erstellt
werden.

Im Sektor Transport nimmt die Realisierung der sogenannten
"dritten Longitudinalen", der "Carretera Marginal de la
Selva", eine herausgehobene Stellung ein[14]. Die Verbindung
zwischen der Panamericana, der "Longitudinal de la Sierra"
und der "Carretera Marginal" soll durch verschiedene trans-
versale Verbindungsstraßen erreicht werden. Das wichtigste
Projekt ist in diesem Zusammenhang die Gewährleistung der
ganzjährigen Befahrbarkeit der "Carretera Central" (Lima-La
Oroya) und das Straßenbauprojekt Olmos-Marañon (vgl. Karte
11)[15].

---

13 Man kann in diesem Zusammenhang nicht von einer "Dezentralisierung"
   im allgemein gebräuchlichen Sinn sprechen. Auch die Begriffsverwendung innerhalb Perus schließt eine derartige Interpretation kaum
   ein (vgl. JARRIN 1981). Belaunde benutzt bei dem Vorschlag, erdölverarbeitende Industrie in der Zentralzone anzusiedeln, den Begriff
   "decentralización" (PRESIDENCIA DE LA REPUBLICA 1981, S. 25).

14 Als erste Longitudinale wird die "Panamericana" bezeichnet, als
   zweite ein Projekt einer von Nord nach Süd die Sierra durchlaufen-
   den Straße, auch als "Via de los Libertadores" bezeichnet; die
   dritte Longitudinale ist schließlich die "Carretera Marginal de la
   Selva".

15 Im einzelnen sind als Transversalen folgende Maßnahmen geplant:
   Carretera Central, Fertigstellung der Straße nach Pucallpa, die
   Verbindungen: Nazca-Cuzco, Arequipa-Puno, Juanjuy-Trujillo (vgl.
   PRESIDENCIA DE LA REPUBLICA 1981), Olmos-Marañon (vgl. PRESIDENCIA
   DE LA REPUBLICA 1982 und 1984) und Pisco-Ayacucho (vgl. PRESIDENCIA
   DE LA REPUBLICA 1984).

Karte 11: **Projekte im Transportsektor während der zweiten**
Regierung Belaunde

Quelle:
PRESIDENCIA DE LA REPUBLICA 1981.

Eher als Zukunftsvision sind die "Longitudinal de la Sierra" und besonders die "Transcontinental Amazonica"[16] einzustufen

Mit dem bisher Erwähnten sind, gemessen an der Höhe der öffentlichen Investitionen, die wichtigsten Ziele genannt. Unberücksichtigt bleiben in diesem Zusammenhang die Maßnahmen der Katastrophenhilfe (PRESIDENCIA DE LA REPUBLICA 1983), da diese Ziele der Staatstätigkeit ein unmittelbares Reagieren auf Dürre und Überschwemmung darstellen, nicht von einer langfristig geplanten Entwicklungskonzeption abgeleitet werden können.

Zu nennen bleibt an Zielen aus den übrigen Sektoren, Ein Wohnungsbauprogramm, das jedoch hinsichtlich der eigentlichen Zielgruppe nicht klar abgegrenzt ist. Während zu Beginn der Regierungszeit Belaundes noch die Schaffung von Wohnraum in Marginalsiedlungen zum Ziel erhoben wird (PRESIDENCIA DE LA REPUBLICA 1981), nimmt bereits 1983 der Bau von Mittelklassewohnungen (Torres de San Borja in Lima als ein Beispiel) einen beträchtlichen Teil innerhalb des Wohnungsbauprogrammes der Regierung ein (PRESIDENCIA DE LA REPUBLICA 1983). Auch die Erläuterungen zum "Plan Nacional de Vivienda 1980-1984" (Nationales Wohnungsbauprogramm) geben keinen endgültigen Hinweis auf die Ziele in diesem Sektor[17].

---

16 Bei der "Transcontinental Amazonica" handelt es sich um das Vorhaben einer Verbindung des peruanischen mit dem brasilianischen Straßennetz (vgl. CARETAS 14.2.1983). Die wichtigsten Baumaßnahmen sind im Departamento Madre de Dios vorgesehen.

17 Belaunde selbst spricht von einem Verhältnis 85 % für die Unterschicht zu 15 % der Wohnungen für die Mittelschicht (vgl. PRESIDENCIA DE LA REPUBLICA 1984). Zur Wohnungsbaupolitik Belaundes vgl. auch ACTUALIDAD ECONOMICA Februar 1985, S. 12/13.

Das 1981 vorgestellte Programm der Arbeitsplatzbeschaffung[18] wertet Belaunde bereits ein Jahr später als Erfolg. Die Begründung für seine Bewertung bleibt aber mit dem Hinweis auf die gesunkenen Indizes für die Arbeitslosigkeit und Unterbeschäftigung (ohne die Ausgangswerte genannt zu haben) sehr dürftig (PRESIDENCIA DE LA REPUBLICA 1982). Dieses Programm zur Arbeitsplatzbeschaffung wird aber in den folgenden zwei Jahren nicht erwähnt. Vorrangiges sektorales Ziel ist ein neues Vorgehen zur Vermeidung von Arbeitskonflikten (PRESIDENCIA DEL LA REPUBLICA 1984, vgl. auch die Analyse von VEREDA 1985, S. 19f.), was sicherlich nicht für den langfristigen Erfolg dieses Programms sprechen kann.

Auf dem Gebiet der Bildungspolitik ist eine Alphabetisierung das wichtigste staatliche Ziel. Die Maßnahmen und ersten Erfolge dieser Kampagne werden jedoch sehr kontrovers beurteilt, da keine Kontrollmechanismen über das in den Alphabetisierungkursen tatsächlich Geleistete bestehen (persönliche Mitteilung von Herrn AHLERS, Erziehungsministerium Lima, 10.3.1985).

Aufgrund ihrer mehrfachen bzw. durchgängigen Nennung in den Regierungserklärungen lassen sich aus dem Geschilderten die folgenden prioritären Ziele ableiten:
1. die Weiterentwicklung der großen Bewässerungsprojekte an der Costa;
2. die Ausdehnung der "frontera agrícola" in der Ceja de Selva;
3. der Bau der "Carretera Marginal de la Selva" und

---

18 Die zu schaffenden Arbeitsplätze sind nach den Bereichen Straßenbau, Wohnungsbau, Schulbau (jeweils direkt und indirekt von solchen Maßnahmen abhängige Arbeitsplätze), Erhöhung des Agrarkredits, Handel, Industrie und Wasserkraftprojekte grob aufgegliedert (vgl. PRESIDENCIA DE LA REPUBLICA 1981).

Tabelle 4: Übersicht der entwicklungsrelevanten Probleme, Ziele und Erfolge während der zweiten Regierung Belaúnde

	1981	1982	1983	1984
Innen-politik	Kein Ausnahmezustand erklärt. Schäden durch den Terrorismus: 1,4 Mio.. Dollar.	658 Terroranschläge. Erfolge im Kampf gegen den Rauschgiftschmuggel.	Ausdehnung des Polizeidienstes wurde notwendig. Studien zur Verbindung Orinoco - La Plata zum Anlaß des 200. Geburtstages Bolívars.	Ausnahmezustand in Apurímac, Ayacucho u. Huancavelica. 2657 Terroranschläge. Hilfen für Betroffene von Naturkatastrophen.
Wirt-schaft	Umschuldung gelang. Weltmarktpreise für Exportprodukte fielen. Förderung ausgewählter Wirtschaftssektoren. Devisenreserven: 2,3 Mio.. Dollar. Inflation: 60 bis 70 %2.	Reaktivierung der Produktion. Reduzierung der Inflation. Weltmarktpreise für Exportprodukte fielen. Devisenreserven "mas o menos" stabil. Inflation: 73 %.	Umschuldung gelang. Schäden durch Naturkatastrophen: 900 Mill. Dollar. Gründung der "Proyecto Sierra Centro Sur". Programm zum Wirtschaftswachstum und sozialer Gerechtigkeit verabschiedet.	BIP um 12 % gegenüber 1983 gefallen. Planungsansatz der INADE verlängert. Gründung der "Proyectos Especiales Sierra Sur". Inflation: 125 %..
Land-wirt-schaft	Ausdehnung der "frontera agrícola" (bes. in der Ceja de Selva). Erhöhung der Produktion, günstige Produzentenpreise. Großprojekte an der Costa initiiert.	Ausdehnung der "frontera agrícola". Produktivitätssteigerung. Programm der "Colonización Vial". 4404 Besitztitel vergeben. Großprojekte schreiten fort.	1. Priorität für Ausdehnung der "frontera agrícola". Klein- und Mittelbewässerung in der Sierra gefördert. 3270 Besitztitel vergeben. Großprojekte laufen.	Schäden durch Naturkatastrophen. Ausdehnung der "frontera agrícola". Colonización Vial forciert. Neues Agrarkreditprogramm begonnen. Großprojekte laufen.
Indu-strie	Vereinfachung der "tramites" begonnen.	Neues Industriegesetz mit dezentralem Charakter zur Förderung der Grenzregionen verabschiedet.	Industrieparkausbau. Start von COPESCO II.	Industrieparkausbau in Arequipa und Sullana. Studien für Iquitos und Huánuco fertig.
Bergbau, Energie	69 % der Deviseneinkünfte durch Bergbau und Erdöl. Dezentralisierung der Ölindustrie (neue Standorte in der Zentralzone)	Versorgung mit elektrischer Energie im ganzen Land erreichen. Stimulierung der Erdölproduktion als bester Weg aus der Krise.	Weltmarktpreise für Erdöl und Bergbauprodukte fielen stark.	Energieselbstversorgung erreichen. Hoffnung auf neue Erdölfunde. Regionalisierung der öffentlichen Energieversorgung realisieren.

Tabelle 4: (Fortsetzung)

Transport	"Longitudinal de la Sierra" bauen. Entwicklung der Selva Central zur Verbesserung der Versorgung Limas.	Asphaltierung der Straßen: Juli - bolivianische Grenze, Ayacucho - Huanta. "Carretera Marginal" bei San Alejandro beenden. Bau "Transcontinental Amazonica".	Nordachse der "Carretera Marginal" fertig.	Restteile der "Carretera Marginal" fertigstellen. Achsen transandiner Penetration bauen bzw. ausbauen (Olmos - Marañon, Pisco - Ayacucho).
Fischerei	Erneuerung der Fischfangflotte.	Anstieg der Anchovetabestände.	Schäden durch Naturkatastrophen.	
Wohnungsbau	Programm "Tierra y Servicio" gestartet.	Selbstbau von Wohnungen als einzige Lösung. Gründung der "Ciudad Constitución".	Grundbesitz als besseren Inflationsschutz fördern.	Tausende konnten eine ihrem Stand entsprechende Wohnung erwerben.
Arbeit	Programm der "Nichteinmischung" in Arbeitskonflikte. Maßnahmen zur Arbeitsplatzbeschaffung.	Indizes für Arbeitslosigkeit und Unterbeschäftigung wurden reduziert.	Juli 1982 bis Juli 1983: 744 Streiks. Reallöhne fielen.	Modernes Vorgehen der Arbeitsinspektion zur Vermeidung von Konflikten (Verlust an Arbeitsstunden 50 % gesenkt).
Erziehung	Alphabetisierungsprogramm.	99 000 Personen alphabetisiert.	In 3 Jahren 1 Million mehr Einschulungen.	Reduktion der Analphabetenrate um 15 %.
Gesundheit	Bessere Ausrüstung der Gesundheitsfürsorge.	11 % neue Mitglieder in der Sozialfürsorge. Pensionsalter auf 55 Jahre gesenkt.	Lebenserwartung von 57,8 auf 59,1 Jahre gestiegen. Bau von Hospitälern und "Puestos de Salud" verfünffacht.	

1 Belaúnde spricht von "...fomento de los sectores básicos, de la agricultura, la manufactura y la exportación"; vgl. PERU 1984, S. 20. Der Begriff "Basissektoren" wird nicht genauer erläutert.

2 Der Wechselkurs des Dollar in Peru betrug (Durchschnittswerte von jeweils 12 zu Monatsbeginn in EL PERUANO veröffentlichten Wechselkursen): 1981 = 414 Soles, 1982 = 677 Soles, 1983 = 1.577 Soles, 1984 = 3.508 Soles.

Quelle:
PRESIDENCIA DE LA REPUBLICA 1981-1984

4. die Forcierung der Bergbauproduktion und der Energiege-
   winnung.

Es sind dies sektorale Schwerpunkte, die aber einen ausgeprägten regionalen Bezug aufweisen. Dies soll in den folgenden Kapiteln beispielhaft dargestellt werden.

4.3   Exkurs: Peru im Spiegel ausgewählter sozio-öko-
           nomischer Kennziffern

Im August 1981 wurde von der Weltbank die Länderstudie Peru
vorgelegt. Als langfristige Entwicklungsprobleme Perus
wurden dabei genannt:

- weitverbreitete Armut, besonders in den ländlichen Regionen der südlichen Sierra;

- rapides Bevölkerungswachstum, verbunden mit einer Land-
  Stadt-Wanderung, die den Druck auf die soziale und wirtschaftliche Infrastruktur verstärkt (".. and rural-urban
  migration exacerbating the pressure on the social an
  economic infrastructure.."; WORLD BANK 1981a, S.ii);

- schlechter Gesundheits- und Ernährungszustand, hohe Kindersterblichkeit, große Wahrscheinlichkeit der Ausbreitung ansteckender Krankheiten;

- begrenzte Ressourcen an Wasser und Land;

- stark steigender Bedarf an Energie und Trinkwasser ("ra-
  pidly expanding demand for energy and potable water";
  WORLD BANK 1981a, S.ii) und

- mangelnde Integration des Landes (WORLD BANK 1981a,
  S.ii).

Diese Problemanalyse der Weltbank bezieht sich aber nur auf
einen Landesdurchschnitt, der jedoch mit Hilfe ausgewählter
sozio-ökonomischer Kennziffern regional, in einigen Fällen
auch sektoral noch weiter aufgegliedert werden kann.

Es darf dabei nicht übersehen werden, daß die statistischen
Daten als Durchschnittswerte auf Departamentsebene vorlie-

gen. Da einkalkuliert werden kann, daß die jeweiligen Departamentshauptstädte oder sonstige wichtige städtische Zentren günstigere Werte aufweisen (ein solcher Fall dürfte für Huaraz bzw. Chimbote im Departamento Ancash vorliegen), ist auch bei den vorhandenen Daten von einem Nivellierungseffekt auszugehen. Die Lage in den ländlichen Gebieten ist daher noch schlechter einzuschätzen, als es die statistischen Daten aussagen.

Trotz dieser Einschränkung sollte die nachfolgende Auswertung einen Ansatz zur Abgrenzung von Problemregionen in Peru ermöglichen (vgl. zur allgemeinen Methodik der Abgrenzung von Problemregionen LAUSCHMANN [2] 1973, S. 19ff.).

Da keine der vorliegenden sozio-ökonomischen Kennziffern eine Normalverteilung aufweist, muß auf eine Hauptkomponentenanalyse als Mittel zur Gruppierung und Gewichtung der einzelnen Variablen verzichtet werden (zu Voraussetzung, Methodik und Anwendungsbeispielen der Hauptkomponentenanalyse vgl. BAHRENBERG/GIESE 1978, S. 221ff.).

Auch eine nach Rangplätzen (der im Sinne der gewünschten Entwicklung positivste Wert bekam den Rangplatz "1") der einzelnen sozio-ökonomischen Kennziffern vorgenommene allgemeine Ordnung der Departamentos sowie eine nachfolgende Untersuchung einzelner Merkmale ermöglicht Aussagen bezüglich regions- und/oder sektorbezogener Problematiken. Nimmt man die Gesamtheit der sozio-ökonomischen Kennziffern[19] als ein Maß des Entwicklungsstandes (vgl. Tab. 5) unterstreicht dies deutlich den "Entwicklungsvorsprung" der Costa und innerhalb dieser nochmals der drei größten Städte des Lan-

---

19 Die sozio-ökonomischen Kennziffern sind zusammengestellt aus INE 1984c und 1984d, UNIVERSIDAD DEL PACIFICO/BANCO AGRARIO DEL PERU 1984 und BANCO CENTRAL DE RESERVAS 1985.

Tabelle 5: <u>Die peruanischen Departamentos im Spiegel ausgewählter sozio-ökonomischer Kennziffern (nach Rangplätzen)</u>

Departamentos	Bevölkerung 1981	Wachstumsraten der Bevölkerung 1972-1982	Migrationssaldo 1972-1981	Bruttoinlandsprodukt 1981	Durchschnittliche Monatseinkommen 1981	Mindestlöhne 1981	Landwirtschaftlich genutzte Fläche 1981	In der Landwirtschaft tätige Bevölkerung 1931	Zahl der Schulzentren 1983	Analphabetenquote 1981	Bettenzahl im Gesundheitswesen 1982	Zahl der Ärzte je 1000 Einwohner 1981	Lebenserwartung 1975-1980	Wohnungen ohne Elektrizitätsversorgung 1981	Wohnungen ohne Trinkwasserversorgung 1981
Lima	1	5	1	1	2	1	5	7	1	2	1	1	2	3	3
Callao[1]	14	4	-	-	1	1	-		21	1	3	1	1	1	1
Arequipa	9	8	3	4	5	3	16	14	11	7	2	3	4	5	4
La Libertad	4	14	20	5	13	4	4	6	9	10	4	6	5	9	7
Junin	6	15	14	2	16	5	2	5	4	14	5	14	10	12	12
Piura	2	9	17	3	12	10	6	4	7	15	7	11	15	16	11
Ica	15	15	16	9	9	8	15	18	18	3	8	16	3	19	5
Lambayeque	10	10	13	6	10	6	11	16	8	11	13	11	14	11	9
Loreto	13	10	13	6	10	6	11	16	8	11	13	11	14	11	9
Tacna	22	2	3	13	4	18	20	21	24	5	14	7	7	4	2
Moquegua	24	5	9	10	3	18	21	22	22	9	17	4	6	6	8
Ancash	8	22	22	8	17	25	7	8	6	18	9	15	13	14	10
San Martin	18	3	2	19	20	24	3	13	14	12	20	20	11	17	15
Cuzco	7	18	11	12	19	23	9	3	5	22	10	18	24	18	14
Ucayali[2]	21	12	5	-	10	6	-	20	20	8	22	19	12	15	19
Pasco	20	17	11	15	15	10	19	19	19	16	12	9	17	10	13
Huánuco	12	18	7	16	18	14	12	10	12	13	15	16	20	19	21
Puno	5	20	22	14	21	13	8	2	3	20	11	21	21	21	23
Cajamarca	3	21	24	11	24	15	1	1	2	21	18	23	18	25	20
Tumbes	23	7	7	22	7	20	22	23	23	4	24	16	8	2	22
Madre de Dios	25	1	6	23	8	12	23	24	25	6	25	11	16	13	18
Amazonas	19	13	10	20	20	22	14	15	15	17	22	24	18	23	16
Ayacucho	11	23	21	18	22	16	10	9	10	24	16	22	22	23	17
Apurimac	17	24	17	21	23	17	18	12	17	25	21	10	23	22	23
Huanca-velica	16	24	19	17	25	21	17	11	13	23	19	24	25	20	23

1 Bei den nur mit einem Leerzeichen ausgefüllten Spalten liegt für Callao kein gesonderter Wert vor. Die in diesen Fällen für Lima und Callao vorliegenden Gesamtwerte sind jeweils unter Lima aufgeführt.
2 Bei den nur mit einem Leerzeichen ausgefüllten Spalten liegt für Ucayali kein Wert vor, da dieses Departamento erst 1980 gegründet wurde.

Quelle:
Eigene Zusammenstellung aus INE 1984c und 1984d; UNIVERSIDAD DEL PACIFICO/BANCO AGRARIO DEL PERU, 1984.

des: der Landeshauptstadt Lima/Callao und der Departamentshauptstädte Arequipa (Arequipa) und Trujillo (La Libertad).

Von zwei Ausnahmen abgesehen handelt es sich auch bei der
zweiten auf der Basis der Rangplatzverteilung ausgeglieder-
ten Gruppe um Departamentos, deren jeweils größter Flä-
chenanteil an der Costa liegt. Die relativ günstigen Werte
für Junin und Loreto sind mit dem (räumlich engbegrenzten)
wirtschaftlichen Impulsen zu erklären, die Bergbau bzw Erdölförderung nach sich zogen. Den Tatbestand, daß die Costa
(besonders der mittlere und südliche Bereich) auch zu
Beginn der 80er Jahre einen deutlich über dem Rest des
Landes liegenden Entwicklungsstand aufweist, unterstreicht
ein Blick auf die regionale Verteilung bei den ausgewählten
sozio-ökonomischen Kennziffern im Bereich der "sozialen Infrastruktur" (zur Begriffsverwendung vgl. RIZO PADRON 1982,
weiterhin auch die Karten 12, 13, 14)[20].

Unter den Costa-Departamentos ragt Lima (in Tab. 5 auch
Lima und Callao) nochmals heraus. Dies unterstreichen nach-
drücklich die regionalen Disparitäten des monatlichen Min-
desteinkommens im Jahr 1981 (vgl. Karte 15). Gleichzeitig
könnte gerade diese Aufschlüsselung einen Erklärungsansatz
für die nach wie vor ungebrochene Attraktivität der Agglomeration Lima/Callao als Wanderungsziel für die Migranten
aus dem ganzen Staatsgebiet sein: Trotz des stetig nach
Lima/Callao gerichteten Migrantenstroms, besteht dort noch
immer ein überdurchschnittliches Angebot an Arbeitsplätzen,
sind die durchschnittlichen Monatseinkommen in der Landeshauptstadt (und auch dem gleichnamigen Departamento) be-
trächtlich höher, im Vergleich mit den kleinbäuerlich

---

20 Die gemessen am Landesdurchschnitt sehr günstige Situation im Gesundheitswesen im Departamento Pasco (vgl. Tab. 5) ist auf ein relativ großes Hospital in Oxapampa zurückzuführen. Der Wert für das
Departamento Pasco insgesamt ist daher zu relativieren.

Karte 12: <u>Departamentsbezogene Aufschlüsselung der Ärzte je</u>
<u>1.000 Einwohner, 1981</u>

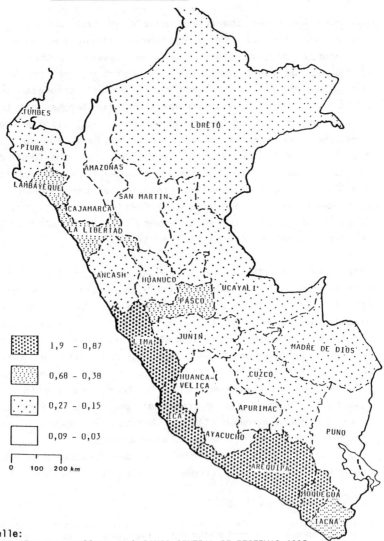

Quelle:
Eigene Zusammenstellung nach BANCO CENTRAL DE RESERVAS 1985.

Karte 13: <u>Departamentsbezogene Aufschlüsselung der Wohnun-</u>
<u>gen ohne Trinkwasser, 1981 (in %)</u>

Quelle:
Eigene Zusammenstellung nach BANCO CENTRAL DE RESERVAS 1985.

Karte 14: <u>Departamentsbezogene Aufschlüsselung der Analpha-</u>
<u>betenquote, 1981 (in %)</u>

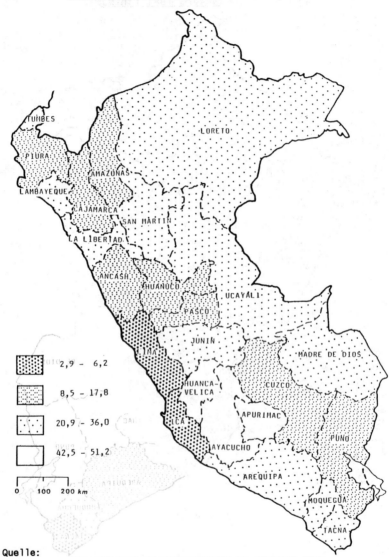

Quelle:
Eigene Zusammenstellung nach BANCO CENTRAL DE RESERVAS 1985.

Karte 15: <u>Durchschnittliche Monatseinkommen, 1981 (in US</u>
<u>Dollar)</u>

Quelle:
Eigene Zusammenstellung nach BANCO CENTRAL DE RESERVAS 1985.

strukturierten Sierra-Departamentos sogar doppelt so
hoch[21].

Die Hoffnung auf ein höheres und/oder gesicherteres Einkom-
men realisiert sich am wahrscheinlichsten also in Lima/
Callao, wo zudem die Lebensqualität (ausgedrückt zum
Beispiel in "Ärzten je 1.000 Einwohner", der "Analphabetenquote" oder der "Versorgung der Wohnungen mit Trinkwasser")
trotz der durch die ungebremste Zuwanderung stark steigenden sozialen Kosten merklich über dem Landesdurchschnitt
liegt.

Ein erfolgversprechender Regionalplanungsansatz bzw. eine
regional orientierte Strukturpolitik wird dies berücksichtigen müssen.

Im Gegensatz zu den Gunsträumen an der Costa muß die Sierra
mit der Ausnahme der Departamentos Junin und Pasco als marginalisiert eingestuft werden. Ganz besonders trifft dies
auf die Departamentos Amazonas, Ayacucho, Apurimac und
Huancavelica zu (vgl. Tab. 5). Es sind auch dies die Departamentos, in denen die Land- und Forstwirtschaft 1981
einen deutlich über dem Landesdurchschnitt liegenden Beitrag zum BIP auf Departamentsebene leistet (Mittelwert für
Peru insgesamt 25,97 %, Amazonas 56 %, Apurimac 46,4 %,
Ayacucho 44 %, Huancavelica 25,97 %; vgl. INE 1983a, S.
86ff.), und die darüber hinaus zum Großteil zu den typisch
kleinbäuerlich strukturierten Sierragebieten zählen (UNI-
VERSIDAD DEL PACIFICO/BANCO AGRARIO DEL PERU 1984, S.
74ff., 86, 112). Eine Ausnahme stellt diesbezüglich das Departamento Amazonas dar, da es über einen Anteil an der

---

21 Es handelt sich um Apurimac, Cajamarca, Cuzco, Huancavelica und
   Puno. Zu weiteren Strukturdaten für diese Departamentos vgl. UNI-
   VERSIDAD DEL PACIFICO/BANCO AGRARIO DEL PERU 1984, S. 74ff.

Ceja de Selva verfügt und dort ein "Proyecto Especial" initiiert wurde (vgl. Kap. 4.4.2.2).

Welche Entwicklung in solchen von der Zentralregierung
"vergessenen Landesteilen" eintreten kann, jedoch nicht
notwendigerweise eintreten muß, zeigt sich in Apurimac,
Ayacucho und Huancavelica. Diese drei Departamentos stellen
auch das als "zona de emergencia" bezeichnete innenpolitische Notstandsgebiet des Landes dar (vgl. zur
peruanischen Guerilla Kap. 4.1).

Trotz des weitreichenden Anspruchs, mit dem die Militärregierung 1968 angetreten war (vgl. Kap. 3.1 und 3.1.1), bestehen innerhalb Perus zu Beginn der 80er Jahre noch massi-
ve interregionale Entwicklungsdisparitäten. Mittelfristig
werden auch die bisher "vergessenen" Departamentos stärker
in die staatliche Entwicklungsplanung einbezogen werden
müssen, um eine Eskalation der Konflikte wie in der "zona
de emergencia" zu vermeiden. Inwieweit die "Proyectos
Microregionales de la Sierra" (mikroregionale Projekte in
der Sierra) diesbezüglich Impulse setzen können (INADE
o.J.), läßt sich derzeit noch nicht absehen.

4.4   Grundlinien der nationalen Planung in ihrer
           Realisierung in den drei Großregionen

4.4.1   Die Costa

Mit einem Anteil an der Staatsfläche Perus von nur 11 % ist
die Costa zwar flächenmäßig von untergeordneter Bedeutung,
ein Blick auf die wirtschaftliche Struktur dieses Raumes,
und als Folge davon der Stellenwert in der nationalen Planung, macht aber die dominierende Stellung dieser physiogeographischen Großregion deutlich. Diese herausgehobene

Stellung läßt sich in den Konzeptionen verschiedener peruanischer Regierungen nachvollziehen.

In den Flußoasen der Costa wurde und wird noch immer die gesamte landwirtschaftliche Exportproduktion Perus erwirtschaftet (vgl. Tab. 6). In den Agrarkolonisationsgebieten am Andenostabhang bestünden für viele Produkte ähnliche klimatische Bedingungen, doch die Anbaurentabilität ist noch gering. Durch diesen Sachverhalt ist ein Hauptgrund für die forciert betriebene Entwicklung der Costa unter

Tabelle 6: **Ertrag und Wert der wichtigsten Exportprodukte Perus**

	Costa Ertrag (kg/ha)	Wert der Produktion[1]	Selva Ertrag (kg/ha)	Wert der Produktion[1]
1. Baumwolle				
1966	1 717,3	2 271 506	802	11 786
1970	1 740	2 606 812	720	7 371
1797	1 833	24 098 421	950	275 821
2. Kaffee				
1966	445	12 527	515	471 873
1970	555	15 574	580	1 160 069
1979	497	70 049	690	32 750 833
3. Zuckerrohr				
1966	158 075	1 306 403	–	–
1970	156 750	1 512 503	–	–
1979	130 507	34 144 222	–	–

1 Der Wert der Produktion ist in 1000 Soles berechnet. 1 US-Dollar entsprachen 1970 = 38,7 Soles, 1979 = 224,55 Soles und 1985 (Mittelwert der Wechselkurse zum Monatsanfang für Januar – Juni) 7834 Soles. Angaben aus: WORLD BANK 1981, und EL COMERCIO, 1985. Für 1966 liegen keine Wechselkurse vor.

Quelle:
UNIVERSIDAD DEL PACIFICO/BANCO AGRARIO DEL PERU 1984.

verschiedenen Regierungen genannt. Doch trotz teilweise beträchtlicher Anstrengungen bezüglich der Erschließung der Selva und Ceja de Selva (vgl. Kap. 4.4.2) wird die Costa, zumindest mittelfristig, die Schlüsselregion für die Erzeugung landwirtschaftlicher Exportgüter bleiben.

Die Förderung der Intensivlandwirtschaft an der Costa kann für Peru als ein Bestandteil einer allgemeinen, weltmarktorientierten Entwicklungsstrategie gewertet werden (vgl. dazu WORLD BANK 1981, zu einer Kritik dieser Strategie DATTA 1982, GRIMM 1979, SCHLEGEL 1980, S. 44ff.), die darüber hinaus aber auch einer internen Konzentration der damit verbundenen Maßnahmen auf (fast) ausschließlich eine Region - die Costa - führen.

Vor dem Hintergrund der Notwendigkeit steigender Exporterlöse zur Bezahlung der schnell gewachsenen Auslandsschuld und, der mit neuen Krediten verbundenen wirtschaftspolitischen Forderungen der Gläubiger (vgl. dazu 4.5.3) kann die Forcierung der landwirtschaftlichen Großprojekte als nahezu unumgängliche Determinante in der nationalen Politik angesehen werden.

Selbst eine regional orientierte Entwicklungsplanung wird unter den gegebenen Umständen an der Costa von nationalen Zielen überlagert oder dominiert werden.

Andererseits ist die Costa, und hier vor allem der Großraum Lima/Callao, der derzeit wichtigste Industriestandort (vgl. Kap. 4.4.1.2). Da die Landwirtschaft schon heute keinen ausreichenden Erwerb für eine Vielzahl von Menschen bietet, auch davon ausgegangen werden kann, daß selbst bei einer sehr günstigen Entwicklung - etwa ein langfristiger Erfolg der Kolonisationsmaßnahmen in der Ceja de Selva oder der strukturellen Veränderungen im andinen Raum - dieser Prozess anhält, werden im zunehmenden Maß nichtlandwirtschaft-

liche Arbeitsplätze notwendig werden. Aufgrund der derzeit
bestehenden Infrastruktur und damit verbundener Agglomera-
tionsvorteile wird die Basis der Industrieentwicklung - für
eine Anfangszeit - an der Costa liegen.

4.4.1.1 Die Forcierung der landwirtschaftlichen Groß-
projekte

Unter "landwirtschaftlichen Großprojekten" sollen im folgenden die Maßnahmen Chira-Piura, Tinajones, Chavicmochic,
Chinecas und Majes-Sihuas verstanden werden (vgl. Karte
16)[22].

Der Entwicklungsstand dieser Gebiete, ihre Dominanz innerhalb der staatlichen Entwicklungspolitik, läßt sich sowohl
in privatwirtschaftlichen Überlegungen (FUHR 1979, S.
54ff.) in der Zeit vor dem Militärputsch als auch während
der Militärregierungen belegen.

Die Costa ist jedoch kein völlig homogen strukturierter
Raum. In der landwirtschaftlichen Produktion ist von Nord
nach Süd eine Spezialisierung auf bestimmte Produkte
erkennbar (MIKUS 1974).

Eine der finanziell umfangreichsten Maßnahmen öffentlicher
Investitionen (92,105 Millionen Dollar von 1981 bis 1984;
unveröffentlichte Materialien des Wirtschaftsministeriums)
ist das "Proyecto Especial Chira-Piura (zur Projektbe-
schreibung vgl. PRESIDENCIA DE LA REPUBLICA 1984, S.
189ff.). Dieses Projekt kann sich auf allgemein als "gut"

---

22 Die Costa als Naturraum und speziell eine Untersuchung der dortigen
   landwirtschaftlichen Großprojekte sollen nur sehr kurz gefasst behandelt werden, da sie das Thema einer parallel laufenden Dissertation von K. URBAN am Fachbereich Politik der Universität Frankfurt
   a.M. sind.

Karte 16: **Projekte der Ausdehnung der landwirtschaftlichen Nutzfläche der zweiten Regierung Belaunde**

AFATER ●
PLAN REHATIC ⊕
PROYECTOS ESPECIALES ⊙
LINEA GLOBAL Nº 2 ◉

PLAN MERIS I -EJECUCION □
             -TERMINADO ○

PLAN MERIS II -EJECUCION △
             -TERMINADO ○

Quelle:
PRESIDENCIA DE LA REPUBLICA 1981, S. 243.

eingestufte Böden und den Baumwollanbau im Departamento Piura stützen. Als Folge davon hat sich in Piura eine textilverarbeitende Industrie entwickelt (persönliche Informationen von Herrn CABRERA, INP-Lima, 10.7.1986).

Demgegenüber stehen allgemein akzeptierte Grundlagenstudien über das zweite, sehr große Bewässerungsprojekt - Majes im Departamento Arequipa - noch aus. Der Gedanke der Entwicklung der Pampa von Majes und Sihuas ist nicht neu (erste Studien liegen seit 1945/46 vor) und wurde besonders von den Militärregierungen weiter forciert (MINISTERIO DE AGRICULTURA 1977).

Von 1968 bis 1984 werden im Majes-Projekt 489,78 Millionen Dollar an öffentlichen Geldern investiert (vgl. Tab. 7), gegen die sich der Erfolg von 3.000 ha zusätzlich bewässertem Land (PRESIDENCIA DE LA REPUBLICA 1984, S. 192) relativ bescheiden ausnimmt.

Das Majes-Projekt beschränkt sich aber nicht ausschließlich auf die Ausdehnung des Bewässerungslandes, sondern kann als "Verbundsystem von Projekten" für das Departamento Arequipa angesehen werden (vgl. zu diesbezüglich detaillierten Studien DIAS CORRERA 1984, MONTES DE OCA GARCIA 1983).

Es spricht einiges dafür, daß es im Majes-Projekt nicht nur um die Realisierung der offiziell genannten Maßnahmen geht, dieses Projekt zumindet in Teilen eine "regionale Entwicklungsvision" darstellt. Aus eben diesem Grund sind exakte Informationen über Ursachen, Mittel und Ziele fast unmöglich zu erhalten.

Wenn bisher die großen, vorwiegend auf landwirtschaftliche Exportproduktion ausgerichteten Maßnahmen angesprochen wurden (vgl. zu einem Überblick der hier nicht erwähnten Maßnahmen PRESIDENCIA DE LA REPUBLICA 1984, S. 189ff.),

soll nicht übersehen werden, daß dies nicht die einzige
Zielrichtung staatlicher Entwicklungspolitik in der Küsten-
region ist (vgl. Karte 16).

Tabelle 7: Öffentliche Investitionen im Majes-Projekt 1968
           - 1984

1968 - 1980[1]   147,49 Millionen Dollar[2]
1981[3]   87,52 Millionen Dollar
1982   20,35 Millionen Dollar
1983   17,44 Millionen Dollar
1984[4]   16,98 Millionen Dollar

Quellen:
1 nach RIZO PADRON 1982.
2 RIZO PADRON gibt für den Zeitraum 1968-1980 Investitionen in
  Höhe von 13 448 Millionen Soles zu konstanten Soles von 1973 an.
  Die Investitionen auf Dollar-Basis errechnen sich aus dem damaligen
  Wechselkurs von 38,7 Soles für einen Dollar (vgl. WORLD BANK 1981,
  S. 163).
3 Die Daten für 1981-1984 basieren auf unveröffentlichten Informationen des Wirtschaftsministeriums.
4 Die Angaben für 1984 sind vorläufige Zahlen.

Der "Plan de rehabilitación de tierras costeras" (PLAN RE-
HATIC)[23] kann mit seiner Zielperspektive "Förderung der Bewässerung von kleinen und mittleren Flächen" (zu einer allgemeinen Diskussion dieses Ansatzes in Peru vgl. LAJO LAZO
1983, S. 177ff.) einerseits als eine Komplementärmaßnahme
zu den "großen Projekten" angesehen werden, gibt andererseits aber auch einen Hinweis auf die ökologischen Risiken
einer weiteren Intensivierung und Ausdehnung des Bewässe-
rungsfeldbaus an der Costa. Diese Feststellung bezieht sich
auf das zweite Hauptziel des "PLAN REHATIC", die Wiederge-
winnung von durch Versalzung nicht mehr nutzbarem Land.

---

23 Der "PLAN REHATIC" gliedert sich in die Subzonen I-III, die alle
   Costa-Täler umfassen. Zu einer detaillierten Aufschlüsselung der
   Maßnahmen und des bisher Erreichten in den drei Subzonen vgl. PRE-
   SIDENCIA DE LA REPUBLICA 1984, S. 254ff.

Die Tatsache, daß mit der Konzeption des "Proyecto Especial Sectorial Agropecuario" (PEPSA) ein weiterer Impuls für die Bewässerung kleiner und mittlerer Flächen gesetzt werden soll (Beilage zu CARETAS 4.6.1984), könnte als ein Indiz dafür gewertet werden, daß der Stellenwert der technisch und finanziell aufwendigen Großprojekte an der Costa langsam abnehmen soll. Ein endgültiges Urteil über die Effektivität der PEPSA kann noch nicht gefällt werden, da in den Jahren 1983 und 1984 ein Großteil der finanziellen Mittel zur Behebung der durch die Naturkatastrophen verursachten Schäden aufgewendet wird (vgl. Karte 17).

Ausschließlich dieser Schadensregulierung dient das Programm "Reactivación del Agro" (vgl. Karte 18).

Diese beiden zuletzt genannten Programme haben wohl deutliche regionale Schwerpunkte, stellen aber keine regionalpolitischen Vorstellungen der peruanischen Regierung dar, da es sich um die staatliche Reaktion auf naturbedingte Sachzwänge handelt. Naturkatastrophen können aber durchaus den Anfang einer dezidierten, regional orientierten Förderung darstellen (vgl. Kap. 2.1).

Auffällig ist aber - auch wenn man die Schadensbilanz je Departamento einbezieht (vgl. INADE: Después del Diluvio, in: Beilage zu CARETAS 30.4.1984) - die starke Konzentration der finanziellen Mittel beider Projekte auf das Departamento Piura. Es unterstreicht den Stellenwert dieses Departamentos für die landwirtschaftliche Exportproduktion Perus. Zusammenfassend läßt sich sagen, daß die Förderung der Intensivlandwirtschaft an der Costa nach wie vor einen zentralen Bestandteil regional orientierter Entwicklungspolitik in Peru darstellt.

Möglicherweise zeichnet sich aber ein verwaltungstechnisches Problem ab, da auf relativ engem Raum viele Organisa-

Karte 17: <u>Die Investitionen der PEPSA nach Departamentos,</u>
<u>1984 (in %)</u>

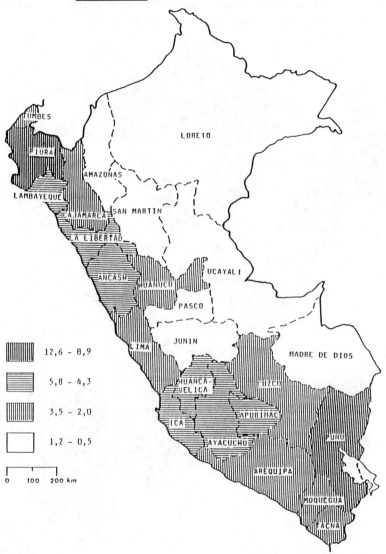

Quelle:
Eigene Zusammenstellung nach PEPSA 1984.

Karte 18: <u>Programm der peruanischen Regierung zur Förderung</u>
<u>des Landwirtschaftssektors nach den Naturka-</u>
<u>tastrophen im Jahr 1983 (in %)</u>

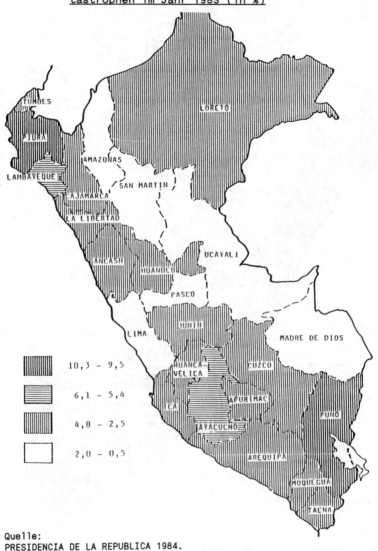

Quelle:
PRESIDENCIA DE LA REPUBLICA 1984.

tionen arbeiten, die Koordination untereinander aber gering
ist (persönliche Informationen von Herrn DURAND, INADE,
11.3.1985).

4.4.1.2   Die Industrieentwicklung

Ein Großteil der peruanischen Industrie konzentriert sich
auf die Costa (GERNERT 1985, S. 30).

Im Vergleich zu dem Zeitraum 1968-1980 (vgl. Kap. 3.3) hat
der Anteil der öffentlichen Investitionen im Industriebereich insgesamt abgenommen.

In seiner Erklärung vom 27.8.1980 zum wirtschaftspolitischen Rahmen der neu gewählten Regierung setzte der damali-
ge Premierminister Ulloa klare sektorale Schwerpunkte für
die Staatstätigkeit: Der Staat soll sich in Zukunft auf
Entwicklungsmaßnahmen in den Sektoren Landwirtschaft, Elektrizität, Straßenbau, Erziehung und Wohnungsbau beschränken, während die Tätigkeit in den übrigen Sektoren dem Pri-
vatsektor überlassen wird (COOPERS/LYEBRAND 1983, S. II-
6/7).

Schlüsselt man die Investitionen des zuständigen Ministeriums für die Jahre 1980 bis 1984 weiter auf, so wird deutlich: Die öffentlichen Investitionen im Industriebereich
werden in dieser Zeitspanne nochmals um 2/3 reduziert, und
von dem verbleibenden Rest fließt der weitaus größte Teil,
nämlich 82 %, in die Tourismusförderung für die Region Cuz-
co/Puno.

Die finanziell umfangreichsten Einzelmaßnahmen aus den verbleibenden staatlich geförderten Projekten im Industriebereich stellen der zweite Industriepark Arequipa mit 6,15 %
sowie der Industriepark in Sullana mit 1,43 % der Investi-

tionen dar (unveröffentlichte Materialien des Wirtschaftsministeriums).

Industrieentwicklung ist für den peruanischen Staat zu Beginn der 80er Jahre also ein Handlungsfeld von zweitrangi-
ger Bedeutung. Darüber hinaus werden unter dem Oberbegriff
der Industrieentwicklung Bereiche verstanden, die in der
Regel nicht zu diesem Gebiet gezählt werden (Tourismusförderung, Industrieparkausbau - im Regelfall handelt es
sich hierbei um die bloße Bereitstellung von Infrastruktur).

Bereits unter den Militärregierungen war durch die defizi-
täre Haushaltslage die Konzentration der öffentlichen Investitionen auf die Devisen erwirtschaftenden Wirtschafts-
zweige eingeleitet worden (vgl. Kap. 3.2.1). Diese Entwicklung zeichnet sich mit einer zeitlichen Verzögerung in der
Investitionsmittelzuweisung während der Jahre 1980-1984
erst vollends deutlich ab.

Die Zahlen der tatsächlich getätigten öffentlichen Investitionen im Industriebereich zeigen, daß die von Premierminister Ulloa vorgegebenen globalen Ziele in der Umsetzung
der Industriepolitik eine Bestätigung finden.

Fraglich bleibt aber, und dies wird auch in den zuständigen
Stellen diskutiert (MINISTERIO DE INDUSTRIA, TURISMO E IN-
TEGRACION/MITI 1985), ob ein derart geringer Stellenwert
der Industrie innerhalb der öffentlichen Investitionen zur
Erreichung weiterer nationaler Entwicklungsziele (man denke
an die Schaffung von Arbeitsplätzen) sinnvoll ist.

Trotz der mittlerweile relativ unbedeutenden öffentlichen
Investitionen trägt der Industriebereich einen nicht unbe-
deutenden Anteil zum Bruttosozialprodukt bei (1983: 25 %,
PRESIDENCIA DE LA REPUBLICA 1984, S. 260), so daß davon

ausgegangen werden muß, daß die wesentlichen Impulse in diesem Sektor durch private Investitionen gesetzt werden (zu den Gründen des geringen ausländischen Engagements in den Andenpaktstaaten[24] vgl. MIKUS 1984, S. 118).

Berücksichtigt man die regionalen Standorte der peruanischen Industrie - eine übermäßige Konzentration in der Agglomeration Lima/Callao - unterstreicht dies nur die Notwendigkeit einer staatlichen Entwicklungsplanung für den Industriebereich.

Welche Ziele der peruanische Staat zwischen 1980 und 1985 aber im Industriebereich erreichen will, wird aus den vorliegenden Unterlagen nicht ersichtlich (zum Industrialisierungsgesetz von 1983 vgl. MARTINEZ 1983, 1.Bd.,S. 31).

Zwischen den Problemen, den Zielen und den Maßnahmen (in diesem Zusammenhang ausgedrückt in öffentlichen Investitionen) sind hinsichtlich der Stringenz deutliche "Brüche" zu erkennen.

Auch eine Berücksichtigung der wechselseitigen Beziehungen und Auswirkungen der Maßnahmen in einzelnen Industriebranchen existiert nur bruchstückhaft.

Einen möglichen Ansatz staatlicher Entwicklungspolitik in diesem Sektor stellt die Förderung der Kleinindustrie dar[25]. Die Förderung dieses arbeitsintensiven Bereichs der

---

24 Mitglieder des Andenpaktes sind Venezuela, Kolumbien, Ecuador, Peru und Bolivien. Chile, ein Gründungsmitglied, trat 1976 aus. Zum Andenpakt allgemein vgl. FRIEDRICH NAUMANN-STIFTUNG 1974, KONRAD ADENAUER-STIFTUNG 1979.

25 Betriebe bis zu 49 Beschäftigen werden zur Kleinindustrie gezählt (vgl. MINKNER 1976). Der Gedanke der Förderung der Kleinindustrie ist nicht neu (vgl. zum Beispiel EL COMERCIO 3.7.1982), er fand jedoch zuvor keinen expliziten Eingang in die Investitionsmittelplanung.

Industrie bleibt zu Beginn der 80er Jahre jedoch gering, obwohl die Industriebeschäftigten sich verringern und als Folgewirkung eine allgemein sinkende Nachfrage und fehlende Kaufkraft zu beobachten sind (MITI 1985, S.2/16).

Wenn im Bereich der Kleinindustrie in dieser Zeitspanne auch "nur" 13 % des sektoralen Produktionswertes erwirtschaftet werden, so stellt er doch 85% der registrierten Betriebe und 45 % der im Industriebereich Beschäftigten (MITI 1985, S. 25). An Bedeutung gewinnt ein solcher Sachverhalt dadurch, daß im Bereich der Kleinindustrie gerade auch Nicht-Qualifizierte (also ein Großteil der Migranten aus der Sierra) eine Beschäftigung finden können[26].

Gegen Ende der Regierung Belaunde sind jedoch Ansätze zu einer stärkeren Förderung der Klein- und Mittelindustrie absehbar. Inwieweit dies zu einer modifizierten Entwicklung im Industriebereich führen wird, welche weiteren Konsequenzen es nach sich ziehen wird, kann noch nicht beurteilt werden. Es ist lediglich zu unterstreichen, daß für die Regierungszeit Belaundes keine klar definierte Industrieentwicklungspolitik vorliegt.

Die Schaffung von Arbeitsplätzen und daraus resultierend Kaufkraft auf möglichst breiter Basis wurde von dem neu gewählten Präsidenten Garcia bereits als Strategie der Inflationsbekämpfung unterstrichen (LA REPUBLICA 6.6.1985). Die Kleinindustrie zu fördern, stellt prinzipiell eine Möglichkeit zur Schaffung von Arbeitsplätzen und verbunden damit auch von Kaufkraft dar.

---

26 Vgl. zum Beispiel : GTZ-Projektfortschrittsbericht Nr. 24, 1985; MITI/ORGANIZACION DE LOS ESTADOS AMERICANOS 1985 mit einem für kleine und mittlere Betriebe erstellten Beratungshandbuch sowie CENTRO DE INVESTIGACION DE METODOS Y TECNICAS PARA PEQUENAS Y MEDINAS EMPRESAS o.J.

Zumindest auf der Basis der politischen Programmatik gewinnt diese Idee an Gewicht. Im Präsidentschaftswahlkampf
1985 unterstreichen die Kandidaten aller Parteien einen
derartigen Stellenwert der Kleinindustrie (persönliche Informationen von Herrn LAMSTER, GTZ (zuvor Projektleiter Ge-
werbeförderungszentrum Lima) 17.12.1985)[27] Eine politische
Unterstützung kann natürlich noch keine Entwicklungsimpulse
setzen, ist aber als eine nicht zu unterschätzende Voraussetzung zu bewerten.

4.4.2   Selva und Ceja de Selva

Mit 62,7 % der Staatsfläche Perus und "nur" 7,8 % der
Bevölkerung im Jahr 1981 (vgl. INE 1984, S. 11ff.) stellt
die Selva noch immer einen relativ wenig besiedelten Raum
dar. Folgerichtig entfielen nach dem letzten durchgeführten
Agrarzensus (1972) lediglich 16,2 % der landwirtschaftlichen Nutzfläche Perus auf diese Region.

Die offensichtliche Diskrepanz zwischen dem großen Anteil
an der Staatsfläche und der nur geringen Bevölkerungsdichte
führte nicht nur in Peru zu dem Schluß, daß das Amazonastiefland das eigentliche Entwicklungspotential seiner An-
rainer ist (vgl. Kap. 2.3).

Innerhalb der Selva sind aber, und dies wird oft nicht be-
achtet, zumindest zwei unterschiedliche physiogeographische
Räume zu unterscheiden (vgl. auch RUMRILL 1984, S. 33ff.).
Unter dem Begriff "Selva baja" (etwa: tiefer Urwald) wird
das eigentliche Amazonasbecken mit Höhen von 80 bis 500 m
verstanden (zu einer weiteren Klassifizierung vgl. KOHLHEPP

---

27 Es bestehen bereits erste Ansätze zu einer institutionalisierten
   Förderung (vgl. REGLAMENTO DE LA LEY DE LA PEQUENA EMPRESA INDU-
   STRIAL, Nr. 24062, 1985).

1976, S. 151). Die Selva baja hat relativ hohe Werte in der Jahresmitteltemperatur (Minimum 24°C, Maximum 40°C) und weist ganzjährige Niederschläge auf (RUMRRILL 1984, S. 33). Im Rahmen dieser Arbeit soll auf die Selva baja jedoch nicht detaillierter eingegangen werden.

Eine zentrale Bedeutung für die Entwicklungsplanung der Regierung Belaunde nimmt dagegen die Erschließung der Ceja de Selva ein. Es handelt sich hierbei um die Andenfußfläche zum Amazonasbecken mit Höhen von 500 bis 2.000 m.

Die Durchschnittswerte der Temperatur sind deutlich geringer als in der Selva baja (Minimum 14°C, Maximum 32°C) und die Region hat eine ausgeprägte Trockenzeit.

Die Höhendifferenzen und der damit verbundene Klimaunterschied erlauben in der Ceja de Selva eine bedeutend stärker differenzierte landwirtschaftliche Produktion (Anbau von Gemüse, Kartoffeln und Chilipflanzen).

Diese allgemein günstige Ausgangslage wird, vor allen Dingen für den Bereich des Projektes Pichis-Palcazú, noch dadurch unterstrichen, daß die Böden im Gebiet von Oxapampa, Villa Rica und Pozuzo zu den besten Perus zählen (INADE/PEPP 1984, S. 25ff., ONERN/INP 1970). Dieser theoretisch hohen Ertragsfähigkeit der Böden standen aber bisher ein relativ geringes technologisches Niveau der Landwirtschaft und das fast vollständige Fehlen (möglicherweise auch die Unkenntnis) bodenverbessernder Maßnahmen gegenüber (PEPP-OXAPAMPA 1983, S. 555ff.).

Die Ceja de Selva weist insgesamt durchaus unterschiedliche natürliche und auch entwicklungsbedingte Strukturen auf (MAAS 1969). Daß die Randbereiche des Amazonasbeckens jedoch bezüglich der natürlichen Ressourcen und damit auch des Entwicklungspotentials günstigere Voraussetzungen aufweisen als die Selva baja, unterstreichen auch die relativ neuen Ergebnisse über die Kolonisationstätigkeit im brasilianischen Bundesstaat Rondonia (MATZNETTER 1984, S. 48).

Von ihrem Potential her könnte die Ceja de Selva als eine höhere als die derzeitige Bevölkerung aufnehmen (vgl. zum "Indianerproblem" aber auch BASURTO 1980, CHASE-SMITH 1983a/b). Um diese Region jedoch langfristig besiedel- und nutzbar zu machen, müssen in der Anfangszeit sektorale Maßnahmen einen Schwerpunkt bilden (Bau einer Erschließungsstraße). Mittel- und langfristig wird aber ein integrierter Entwicklungsansatz unumgänglich sein. Das Scheitern bisheriger Erschließungsversuche, die jeweils auf stark sektoral konzentrierten Ansätzen und dem Wunsch möglichst schneller Zielrealisierung beruhten (Extraktionswirtschaft, Ansiedlung bäuerlicher Bevölkerung aus der Sierra als "Sofortmaßnahme" gegen den dortigen Bevölkerungsdruck), hat dies gezeigt.

Eine mittel- bzw. langfristige Entwicklungskonzeption setzt aber eine gewisse Kontinuität in den politischen Zielsetzungen voraus. Ansonsten fehlt einigen Maßnahmen die Zeit zum Ausreifen, so daß nur die hohen Investitionen eines Straßenbaus mit dem ausgebliebenen Kolonisationserfolg ins Verhältnis gesetzt werden, ohne zu bedenken, daß ein Regierungswechsel weitere Maßnahmen verhinderte.

4.4.2.1   Neulandgewinnung - Die Wiederaufnahme des "Carretera Marginal de la Selva"-Gedankens

Die "Carretera Marginal de la Selva" (Urwaldrandstraße) sollte in ihrer ursprünglichen Konzeption aus dem Jahr 1963 vom kolumbianisch-venezolanischen Grenzgebiet über Ecuador und Peru bis nach Sta. Cruz/Bolivien verlaufen (vgl. Karte 19; die Karte gibt die in der zweiten Regierungszeit Be-

Karte 19: <u>Verlauf der Carretera Marginal de la Selva</u>

Quelle:
INSTITUTO GEOGRAFICO MILITAR 1985.

laundes "verlängerte" Version der Carretera Marginal wieder).

Geistiger Vater der in der Grundkonzeption 5.590 km langen Straße ist der zweimalige peruanische Präsident Belaunde Terry, in dessen Amtszeit dieses Projekt auch seine nachhaltigste Förderung erfuhr (vgl. ESSER/JOHANNEN 1968).

Die Intention zum Bau dieser Straße (Teilstücke sind 1985 fast nur in Peru fertiggestellt worden) werden unterschiedlich interpretiert. Auf der einen Seite wird die Carretera Marginal als eine der weitestreichendsten Entwicklungsstrategien in Amazonien beurteilt, die Brasilien ausschließt (KOHLHEPP 1983, S. 178), während andererseits der mittels dieser Straße erwartete "Anstoß zur Besiedlung der von ihr gekreuzten Gebiete und der Bau einer zweiten, die "Panamericana" entlastenden Längsachse in den Vordergrund gestellt wird (JÜLICH 1975, S. 34).

Staatliche Pläne und/oder Ausführungsbestimmungen zu diesem Vorhaben, die einen u.U. vordringlichen Aspekt erkennbar werden ließen, liegen aus der Zeit der 60er Jahre nicht mehr vor. Es kann aber generell davon ausgegangen werden, daß es sich bei den oben genannten Punkten um sich gegenseitig beeinflussende Faktoren handelt, die eine unterschiedliche nationale und zeitliche Gewichtung haben.

Zumindest für den Fall Perus, und damit für den Staat, der die Carretera Marginal zu Beginn der 80er Jahre noch in die offizielle Entwicklungsplanung aufgenommen hat, können veränderte Motive festgestellt werden. Hauptziel ist nun die planmäßige Besiedlung des Gebietes durch die Kanalisierung der Migrantenströme über die Carretera Marginal (PRESIDENCIA DEL CONSEJO DE MINISTROS 1983b, S. 2). Diese Konzeption wird durch die perlenschnurartig entlang der Trasse der zukünftigen Carretera Marginal aufgereihten "Proyectos Especiales" unterstrichen.

Die These des "brasilianischen Expansionismus" in Amazonien wird nach wie vor diskutiert (BACA TUPAYACHI 1983, S. 59), doch scheint sie auf der politischen Entscheidungsebene an Bedeutung verloren zu haben. Dafür spricht die fertige Planung für die "Transcontinental Amazonica", die im Südosten des peruanischen Staatsgebietes eine Anbindung an das brasilianische Straßensystem schaffen soll (CARETAS 14.2.1983, vgl. auch Kap. 4.2).

In Peru hat auch die dritte am Anfang des Kapitels aufgeführte Intention, eine Ergänzung zur Panamericana zu erstellen, an Bedeutung gewonnen (vgl. PRESIDENCIA DE LA REPUBLICA der Jahre 1981-1984).

Eine ergänzende Funktion zur Panamericana kann die Carretera Marginal aber nur durch den Bau entsprechender transversaler Verbindungen übernehmen. Solche Projekte sind zum Teil bereits begonnen (die Straße Olmos-Marañon) oder weitgehend fertiggestellt (die Straße La Oroya-Pucallpa), so daß die Carretera Marginal durchaus einen Beitrag zur langfristig als notwendig erachteten infrastrukturellen Erschließung des Landes leisten könnte (vgl. auch REH 1970, S. 16).

In ihrer Verbindung mit den "Proyectos Especiales" und deren konzeptionellem Ansatz (vgl. Kap. 4.4.2.2) stellt die Carretera Marginal nicht nur einen Lösungsansatz zur infrastrukturellen Erschließung des Landes dar, sondern kann auch zu einer staatlich gelenkten, stärker regional orientierten Entwicklung der Ceja de Selva beitragen.

4.4.2.2   Die "Proyectos Especiales de la Selva" als zu-
           sätzliche Verstärkung dieser Entwicklungskon-
           zeption

Bei den "Proyectos Especiales de la Selva" handelt es sich
um sechs[28], hauptsächlich in der Ceja de Selva liegende Gebiete (vgl. Karte 20). Im einzelnen sind dies:

- Jaen/San Ignacio/Bagua,
- Alto Mayo,
- Huallaga Central und Bajo Mayo,
- Alto Huallaga,
- Selva Central und
- Madre de Dios.

Ansatzpunkt zur Gründung und Durchführung der oben genannten Projekte sind Erfahrungen aus der Evaluierung früherer,
monosektoral strukturierter Entwicklungsprogramme in Teilen
der Ceja de Selva (vgl. PRESIDENCIA DEL CONSEJO DE MINI-
STROS 1983b). Daraus wird die Schlußfolgerung gezogen, daß
die integrale ländliche Entwicklung einen multisektoralen
Planungsansatz voraussetzt, d.h. eine Behandlung der verschiedenen wirtschaftlichen und sozialen Aspekte und eine
mit weitgehenden administrativen und haushaltspolitischen
Kompetenzen ausgestattete durchführende Organisation.

---

28 Die Karte stellt den zuletzt aktuellen Stand dar. Von 1980-1984
   wurden sowohl einige Projektgebiete unter eine gemeinsame
   administrative Leitung gestellt (Oxapampa, Satipo-Chanchamayo und
   Pichis-Palcazú zu dem Gesamtprojekt "Selva-Central", oft auch als
   "Pichis-Palcazú" bezeichnet), als auch ursprünglich vorgesehene
   Maßnahmen aufgegeben (das Projekt Ucayali-Chontayacu-Purus, vgl.
   dazu PRESIDENCIA DEL CONSEJO DE MINISTROS 1983b, S. 6). Keine
   detaillierten Informationen liegen über das Projekt "Madre de Dios"
   vor (vgl. auch Investitionsplanung in Tab. 8). Im Gegensatz zu den
   übrigen Proyectos Especiales bleibt es auch in der Presse
   unberücksichtigt. Für den noch ausgesparten Raum entlang der Carretera Marginal im Departamento Cuzco befindet sich ein weiteres
   Proyecto Especial in der Planung (LA REPUBLICA 27.7.1986).

Karte 20: Die Proyectos Especiales und die Carretera Marginal de la Selva

PROYECTOS ESPECIALES
EN SELVA

1 JAEN – SAN IGNACIO – BAGUA

2 ALTO MAYO

3 HUALLAGA CENTRAL y BAJO MAYO

4 ALTO HUALLAGA

5 PROYECTO SELVA CENTRAL PICHIS PALCAZU

6 MADRE DE DIOS

▬▬ ● ● ● ▬▬ CARRETERA MARGINAL

Quelle:
PRESIDENCIA DE LA REPUBLICA 1983.

Aufbauend auf diesen beiden Grundvoraussetzungen werden folgende allgemeine Ziele für die Proyectos Especiales formuliert:

- Steigerung von Produktion und Produktivität durch Ausdehnung der landwirtschaftlichen Nutzfläche und eine "rationale Nutzung" der Ressourcen Amazoniens;

- geplante Besiedlung des Landes durch eine Kanalisierung der Migranten über die Carretera Marginal;

- Verbesserung des Arbeitsplatzangebotes und des Regionaleinkommens sowie

- Schutz der natürlichen Ressourcen und des Ökosystems in Amazonien (PRESIDENCIA DEL CONSEJO DE MINISTROS 1983b, S. 2; INADE/PEPP 1984).

Als "Standard" gilt für die Proyectos Especiales eine zehn Komponenten umfassende administrative Struktur (vgl. Tab. 8), die die in den einzelnen Projekten zu erreichenden Ziele quantifiziert und das benötigte Finanzvolumen diesbezüglich aufgliedert (PRESIDENCIA DEL CONSEJO DE MINISTROS 1983b, S. 3ff.).

Innerhalb der einzelnen Proyectos Especiales sind durchaus prägnante sektorale Schwerpunkte gesetzt (vgl. Tab. 8), diese aber auch schlüssig begründet (PRESIDENCIA DEL CONSEJO DE MINISTROS 1983b, S. 10ff. und 1983c). Zumindest auf der theoretischen Ebene sind allgemeine, an einen regional orientierten Planungsansatz gestellte Forderungen erfüllt (zum Beispiel Artikulation der Ziele, Plausibilität von Zielen und Maßnahmen, multisektoraler Ansatz).

Es besteht ein eindeutiger und verbindlicher Katalog an "Rahmenzielen", der die Grundlage für die Investitionsmittelplanung darstellt, jedoch auch Spielraum für projektspezifische Maßnahmen läßt.

Tabelle 8: Investitionsmittelplanung der "Proyectos Especiales" nach "Standard-Komponenten" (in Mio. US-Dollar)[1]

	Huallaga Central / Bajo Mayo	Alto Mayo	Selva Central[2]	Alto Huallaga	Jaen / San Ignacio / Bagua	Summe
1. Straßenbau	28,19	20,7	88,72	-	22,75	160,36
2. Instandhaltung	1,85	-	5,41	5,0	3,20	15,46
3. Landwirtschaftskredit	4,19	30,8	1,86	5,0	-	41,85
4. Landwirtschaftliche Beratung u. Forschung	1,12	7,3	4,73	11,03	2,26	26,44
5. Land- u. forstwirtschaftliche Entwicklungsmaßnamen	37,1	6,5	70,46	1,28	56,25	171,59
6. Energie	17,1	-	-	-	-	17,1
7. Landtitelvergabe	2,27	3,5	6,76	0,66	6,39	19,59
8. Soziale Infrastruktur	-	6,0	4,15	0,5	10,1	20,75
9. Verwaltung und Leitung	2,58	4,2	8,14	1,05	3,43	19,4
10. Andere[3]	0,4	1,6	28,74	1,99	1,11	33,84
Summe	94,6	80,6	218,97	26,51	105,49	
Anteil der ausländischen Kredite an den Projekt-Investitionen (in %)	-[4]	60,8	57,9	67,9	43,8	

1 Die regionale Aufgliederung ist entnommen aus PREDIDENCIA DE LA REPUBLICA, 1983 a, die auch der tatsächlichen Verwaltungsstruktur entsprach. Für das "Proyecto Especial Madre de Dios" liegt keine Investitionsplanung vor.

2 Für die Teilregionen Oxapampa und Satipo - Chanchamayo wurden vorläufige Zahlen verwendet.

3 Die Komponente "Andere" umfaßt: Technische Zusammenarbeit, Fischerei, Inflation etc.

4 Für das Projekt "Huallaga Central / Bajo Mayo" liegen zwei unterschiedliche Summen der geplanten Gesamtinvestitionen vor. Welche von beiden die letztendlich gültige ist, kann nach Materiallage nicht entschieden werden.

Quelle:
PRESIDENCIA DE LA REPUBLICA 1983 a, b.

Die nicht unbedeutende Anzahl und Höhe ausländischer Kredite zur Implementierung der Maßnahmen (vgl. Tab. 8 mit der Aufgliederung für die Proyectos Especiales) kann als ein Hinweis auf ein internationales Interesse an der Entwicklungsplanung in der Ceja de Selva gewertet werden.

Wenn auch eine erhebliche Menge in- wie ausländischer Gelder für die Erschließung der Ceja de Selva aufgewendet wird, sollte der vergleichsweise hohe publizistische Aufwand (vgl. zum Beispiel PRESIDENCIA DE LA REPUBLICA 1984; LA PRENSA 10.2.1982; EL COMERCIO 12.8. und 25.8.1984; und auch Tab. 9) nicht darüber hinwegtäuschen, daß Entwicklungsmaßnahmen an der Costa noch immer einen Großteil der staatlichen Investitionen aufnehmen. Belaunde vollzieht also keinen abrupten Wechsel, wohl aber eine (auch finanzpolitisch) deutliche Akzentverschiebung in der Entwicklungstätigkeit des Staates. Für diese Akzentverschiebung sind nationale Entwicklungsziele von großer Bedeutung. In erster Linie ist die Deckung des steigenden Nahrungsmittelbedarfs (besonders in Lima/Callao) und die Umlenkung des Migrantenstromes von der peruanischen Metropole in eine andere Zielregion zu nennen.

Art und Weise der Umsetzung dieser nationalen Ziele kennzeichnen die Proyectos Especiales als eine konservative Entwicklungskonzeption, da die Lösung struktureller Probleme (z.B. der Latifundium/Minifundium-Gegensatzes in der Sierra) über den Weg der Neulanderschließung gesucht wird. Zu berücksichtigen ist jedoch, daß zum Zeitpunkt des Regierungsantritts Belaundes weitere strukturelle Reformen politisch nur schwer durchsetzbar gewesen wären, und daß der multisektorale Planungsansatz der Proyectos Especiales als qualitativer Fortschritt in der Agrarkolonisation bewertet werden kann.

Tabelle 9:   Investitionsplanung der INADE für 1984[1]

1. Bewässerungsprojekte an der Costa
   1.1. Chira - Piura   21,08 Mio. Dollar   21,50 %
   1.2. Olmos   0,30 Mio. Dollar   0,30 %
   1.3. Jequetepeque   16,85 Mio. Dollar   17,20 %
   1.4. Tinajones   3,89 Mio. Dollar   3,97 %
   1.5. Chavimochic   0,26 Mio. Dollar   0,26 %
   1.6. Majes   18,91 Mio. Dollar   19,30 %
   1.7. Chinecas   0,08 Mio. Dollar   0,07 %

                             61,63 Mio. Dollar   62,60 %

2. Proyectos Especiales de la Selva
   2.1. Jaen / San Ignacio /
        Bagua   9,10 Mio. Dollar   9,29 %
   2.2. Madre de Dios   0,26 Mio. Dollar   0,26 %
   2.3. Huallaga Central /
        Bajo Mayo   8,50 Mio. Dollar   8,68 %
   2.4. Alto Huallaga   3,90 Mio. Dollar   3,98 %
   2.5. Selva Central   10,82 Mio. Dollar   11,05 %
   2.6. Ucayali / Chonta-
        yacu / Purus   2,75 Mio. Dollar   3,83 %

                             36,34 Mio. Dollar   37,09 %

3. Projekte der Mikroregionalen Entwicklung in der Sierra

                              0,25 Mio. Dollar   0,25 %

1 Der mittlere Wechselkurs des Sol gegenüber dem Dollar betrug 1984
3.508 Soles (nach den offiziellen, in EL COMERCIO veröffentlichten
jeweiligen Kursen).

Quelle:
INP 1985.

4.4.3   Die Sierra

Die Sierra umfaßt knapp ein Viertel der Staatsfläche Perus
(26,1 %), aber nach dem letzten Agrarzensus aus dem Jahr
1972 noch 61,7 % der landwirtschaftlichen Nutzfläche (vgl.
INE 1983, S. 67ff.).

Der Bevölkerungsanteil der Sierra ging jedoch von 50 % im
Jahr 1960 (SANDNER/STEGER [6]1980, S. 224) auf 34,4 % der Be-

völkerung Perus im Jahr 1980 zurück (INE 1983, S. 11ff.). Diese Entwicklung gründet nicht nur auf vergleichsweise ungünstigen klimatischen Bedingungen (die mittlere Höhenlage der Sierra beträgt 3.500 m) und damit verbundenen Anbaurisiken, sondern im stärkeren Maße auf struktureller Art (vgl. Kap. 3.1/3.1.1).

Die sich für einen Großteil der bäuerlichen Bevölkerung weiterhin verschlechternde wirtschaftliche Lage und eine zudem allgemein niedrige Lebensqualität (vgl. Kap. 4.3) können als Hauptursachen dafür angesehen werden, daß die gesamte Sierra ausgeprägt negative Migrationssalden aufweist.

Nach wie vor wird ein mengenmäßig bedeutender Anteil der Nahrungsmittelproduktion Perus in dieser physiogeographischen Großregion erwirtschaftet. Der Anteil an der nationalen Produktion beträgt 1979 bei: Kartoffeln 90,2 %, bei Gerste 98,7 %, bei Mais 30,7 % und bei Weizen 96,9 %.

Der jeweilige Hektarertrag liegt aber in jedem Fall signifikant niedriger als bei den entsprechenden Kulturen an der Costa (UNIVERSIDAD DEL PACIFICO/BANCO AGRARIO DEL PERU 1984, S. 135ff.).

Zu der ohnehin schon niedrigen Rentabilität der zumeist auf Kleingrundbesitz erwirtschafteten Produktion kommt mit der wirtschaftlichen Öffnung im Jahr 1980 und der damit verbundenen Senkung der Importzölle die Konkurrenz der Weltmarktproduktion (SUR Jan./Feb. 1982, S. 9).

Punktuell erschlossen und wesentlich auf der Basis einer mit ausländischen Geldern finanzierten Extraktionswirtschaft entwickelt wurde die Sierra durch den Bergbau (vgl. Kap. 4.4.3.2).

Es sollte festgehalten werden, daß die Sierra keinen in sich homogenen Raum darstellt, eher ein relativ fein strukturiertes Mosaik unterschiedlicher Natur- und Wirtschaftsräume existiert bzw. entwickelt wurde (z.B. relativ reiche und seit langem bewirtschaftete Agrargebiete wie das "Valle Sagrado" bei Cuzco, dünn besiedelte Hochflächen wie im Süden des Departamentos Cuzco oder die Bergbaugebiete in Junin, Huancavelica). Die Sierra weist aber eine Reihe gleicher oder ähnlich gelagerter Probleme auf.

Innerhalb der staatlichen Investitionsplanung, aber auch hinsichtlich der Erarbeitung eines spezifischen konzeptionellen Ansatzes bleibt die Sierra fast unberücksichtigt. Mit den "Proyectos Microregionales de la Sierra" (INADE o.J.) ist ein erster Schritt gemacht. Allerdings ist bisher nur das Planungsstadium abgeschlossen, so daß noch keine Ergebnisse über die tatsächliche Wirkung vorliegen können.

4.4.3.1 COOPOP - ein Selbsthilfeansatz auf lokaler Ebene

Mit dem Anspruch einer Rückbesinnung auf die eigenen kulturellen und sozialen Traditionen wird 1980 in Sacsayhuaman (Cuzco) die Organisation "Cooperación Popular" (COOPOP) wiedergegründet (vgl. auch LLOSA LARRABUE 1966, WENDLER 1971, THE TIMES 17.8.1961).

Zentrales Anliegen von COOPOP ist die Belebung überlieferter Formen von Gemeinschaftsarbeit, durch die dringend benötigte lokale Infrastruktur in Selbsthilfemaßnahmen von den jeweils Betroffenen - bei Bereitstellung des Materials und technischer Hilfe - erstellt werden soll. Mit dem Passus, daß "in der Regel" die Anträge auf COOPOP-Unterstützung für ein Projekt von der betroffenen Gemeinde zu stellen sind, erhofft man sich einen ausdrücklichen "Basisbezug" der Entwicklungsmaßnahmen (LLOSA LARRABUE 1966, S. 231f.).

Die Arbeit von COOPOP ist auf Projekte lokaler Bedeutung ausgerichtet und füllt diesbezüglich (zumindest in der Konzeption) ein Vakuum in der Entwicklungstätigkeit des Staates aus (vgl. auch Kap. 4.5.1). Da aber der zentrale Gedanke der COOPOP-Konzeption, die Berücksichtigung alter Gemeinschaftsarbeitsformen, vor allem in der indianischen Tradition verwurzelt ist, konzentriert sich die COOPOP-Arbeit auf die Sierra. Die von einem starken Anteil indianischer Bevölkerung gekennzeichneten Sierra-Gebiete hatten ohnehin zuvor nur wenig Eingang in die staatliche Entwicklungsplanung gefunden (vgl. auch Karte 21).

Ein Kriterienkatalog für die Arbeit in den drei physiogeographischen Großregionen, die Begründung einer räumlichen und sektoralen Schwerpunktbildung liegt offiziell nicht vor.

Der gedankliche Ansatz einer basisorientierten Entwicklung (zu den Inhalten vgl. zum Beispiel THÖNE 1984, S. 207ff.) wird aber durch die stark zentralistische, auf Entscheidungsfindung in Lima ausgerichtete Verwaltungsstruktur der COOPOP relativiert. Über die Departamentsebene hinausgehend wird eine zunehmende Zahl von "Zentralen" eingerichtet (1981: 32, 1982: 30, 1983: 48, 1. Hälfte 1984: 14), die durchschnittlich für je drei Provinzen zuständig sind (PRESIDENCIA DE LA REPUBLICA 1984, S. 171ff.). Da die Gründung solcher kleinerer Einheiten auf der Verwaltungs- und Durchführungsebene aber nicht mit entsprechenden Kompetenzerweiterungen verbunden ist, die Koordination der Arbeit von "Zentralen" des gleichen Departamentos minimal bleibt, stellt diese "falsch verstandene Dezentralisierung" (de facto eine zunehmende Bürokratisierung) ein wesentliches Manko für die Implementierung zielkonformer Maßnahmen dar.

Karte 21: <u>COOPOP-Investitionen nach Departamentos, 1984 (in</u>
<u>%)</u>

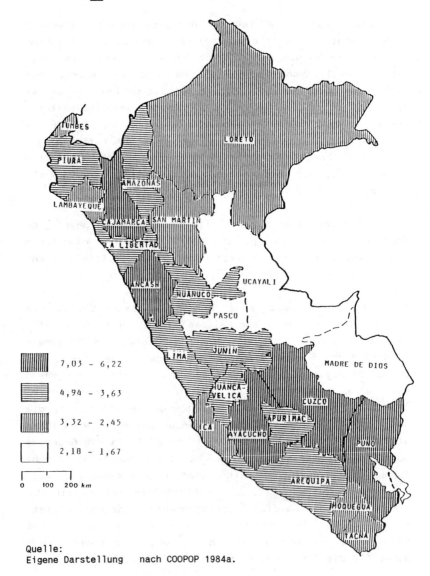

Quelle:
Eigene Darstellung   nach COOPOP 1984a.

Regionaler Schwerpunkt der COOPOP-Arbeit ist die Sierra und dort wiederum die Departamentos Ancash, Cajamarca, Cuzco und Puno (im Jahr 1982) sowie zwei Jahre später zusätzlich Ayacucho[29]. Alle genannten Departamentos können als marginalisiert und eine niedrige Lebensqualität aufweisend eingestuft werden (vgl. Kap. 4.3). Eine stichpunktartige Überprüfung der sektoralen Schwerpunktbildung in der COOPOP-Arbeit ergibt jedoch, daß nicht notwendigerweise die eigentlich marginalisierten Provinzen eines Departamentos, zum Beispiel in Cuzco: Espinar, Chumbivilcas, Paruro, sondern das am Departamentsdurchschnitt gemessen verhältnismäßig gut ausgestattete Agrarkolonisationsgebiet von La Convención den Schwerpunkt bildet.

Eine mögliche Erklärung wäre, daß die COOPOP-Schwerpunkte mit den regionalen Schwerpunkten der nationalen Planung übereinstimmen (hier: Förderung der Agrarkolonisation). Die Tatsache, daß das COOPOP-Engagement in einer für die staatliche Entwicklungsplanung so zentralen Region wie Pichis-Palcazú gering und verglichen mit anderen Institutionen von untergeordneter Bedeutung ist (unveröffentlichte Materialien COOPOP-Oxapampa und PEPP-Oxapampa), läßt aber eher auf fehlende bzw. unklare Kriterien einer regionalen Schwerpunktbildung schließen.

Die von der gedanklichen Konzeption wichtige und durchaus richtige Intention der COOPOP wird zum Großteil durch die Steuerung der Maßnahmen aus Lima, durch eine nicht nachvollziehbare Abstimmung regionaler und sektoraler Schwerpunkte und eine auch von dem COOPOP-Personal nicht immer

---

29 Es liegen nur für die Jahre 1982 und 1984 Unterlagen zur Haushaltsplanung vor. Da zudem neben den (nur unvollständig vorliegenden) offiziell publizierten Zielen auch inoffizielle Direktiven der Limeñer Zentrale existieren (persönliche Information von Herrn NEGRON, COOPOP-Cuzco 2.5.1984), muß die Interpretation des COOPOP-Ansatzes bruchstückhaft bleiben.

begründbare Planung der Maßnahmen auf regionalem Gebiet konterkariert. Hinzu kommt die starke, zum Teil berechtigte Assoziation der Bevölkerung von COOPOP-Arbeit mit der Durchsetzung der Politik der Regierungspartei "Accion Popular". Ein in dieser Art realisierter Selbsthilfeansatz kann daher nicht als ausreichender Entwicklungsimpuls auf lokaler Ebene für die Sierra bezeichnet werden.

4.4.3.2   Der Bergbau

Der moderne Bergbau hat in Peru bereits eine längere Tradition (1901 Gründung der Cerro de Pasco Corporation, vgl. PRESIDENCIA DE LA REPUBLICA 1984, S. 399) und stellt, auch wenn sich der prozentuale Anteil der abgebauten Mineralien und Erze zwischenzeitlich verändert hat, in seiner Gesamtheit die wichtigste Devisenquelle des Landes dar.

Motor der Entwicklung im Bergbau waren die wirtschaftlichen Interessen der vor allem mit US-amerikanischem Kapital finanzierten Gesellschaften (SANDNER/STEGER [6]1980, S. 233ff.).

Die Erzvorkommen sind auf nur wenige Departamentos konzentriert (vgl. Karte 22, Schaubild 1), so daß auch die staatliche Förderung sich auf wenige, eng umgrenzte Bereiche konzentrieren muß. Verstärkt wird diese Konzentration der Staatstätigkeit auf die wenigen Standorte während der Militärregierungen noch durch die Gründung von "Empresas Publicas" (PERU ECONOMICO Juli/Aug. 1981, S. 18) in den "Schlüsselbereichen" der peruanischen Wirtschaft. Der Bergbau wird als einer solch zentraler Wirtschaftssektoren angesehen.

Weitere große Projekte in der Südregion sind angelaufen - Cerro Verde II im Departamento Arequipa (vgl. EL COMERCIO 8.8. und 12.8.1984) - bzw. werden zu Beginn des Jahres 1985

Karte 22: <u>Die wichtigsten Berbauprojekte Perus</u>

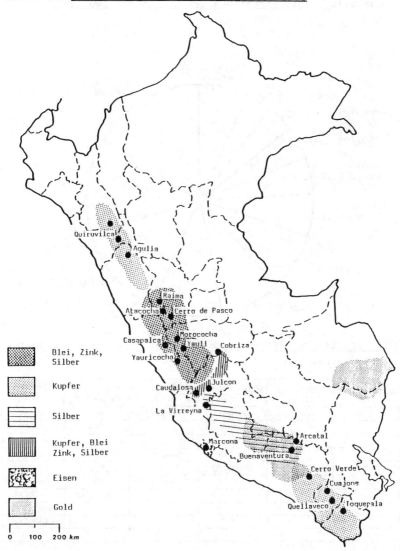

Quelle:
PRESIDENCIA DE LA REPUBLICA 1981.

Schaubild 1: <u>Die Verteilung des BIP im Bergbau, 1981</u>

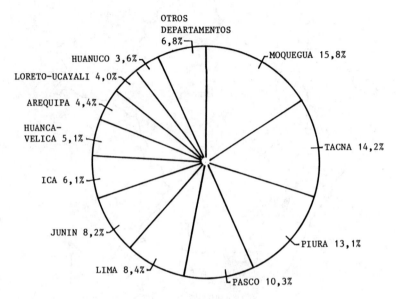

Die wesentlichen Bergbauprodukte Perus nach den Departamentos
ihres Abbaues

Eisen	Erdöl	Blei	Zink	Kupfer	Silber
ICA	PIURA	LIMA	PASCO	MOQUEGUA	PASCO
	LORETO	JUNIN	LIMA Y CALLAO	TACNA	LIMA
		HUANCAVELICA	JUNIN	LIMA	JUNIN
		HUANUCO	HUANCAVELICA	HUANCAVELICA	HUANCAVELICA
		ANCASH	HUANUCO	AREQUIPA	AREQUIPA
		AYACUCHO	ANCASH	APURIMAC	HUANUCO
			LA LIBERTAD	CUZCO	ANCASH
				LA LIBERTAD	AYACUCHO
					CAJAMARCA
					LA LIBERTAD
					PUNO

Quelle:
INE 1983, S. 40.

eingeweiht, wie die Minen von Tintaya/Departamento Cuzco (vgl. CENTRO LAS CASAS 1984b), so daß sich dieser Konzentrationsprozess fortsetzen wird.

Vor dem Hintergrund dieser Ausgangslage weisen auch die Investitionen im Bereich der Weiterverarbeitung bzw. Veredelung der geförderten Erze eine starke regionale Konzentration auf. So entfallen zum Beispiel auf die Bleianreicherungsanlage im Departamento Junin 16,2 % der Investitionen der CENTROMIN in den Jahren 1981 bis 1984, auf die Zinkaufarbeitung in Cajamarquilla (Departamento Lima) 62,8 % der Investitionen von MINEROPERU in der gleichen Zeitspanne (unveröffentlichte Materialien des Wirtschaftsministeriums).

Die in diesem Zusammenhang aufgeführten "Großprojekte" im Bergbausektor sind alle als kapital- und technologieintensiv einzustufen. Dies zeigt die deutlich über dem nationalen Durchschnitt liegende Produktivität in den wesentlich vom Bergbau gekennzeichneten Departamentos Tacna und Moquegua (INE 1983, S. 48/49). "Sickereffekte" auf das Umland sind in solchen Fällen kaum zu erwarten (vgl. auch ECHEGARAY 1984).

Dem hohen Beitrag der Sektoren Bergbau und Erdölförderung zu den Deviseneinkünften des Landes (vgl. Kap. 4.2) steht die unsichere Preisentwicklung für alle Primärprodukte auf dem Weltmarkt gegenüber. Der Verfall der Weltmarktpreise, dies zeigte sich bereits 1975 (HEUER/OBERREIT 1981, S. 48), greift auf die gesamte peruanische Wirtschaft über.

Vor dem Hintergrund der wirtschaftlichen Ausgangslage Perus, der Notwendigkeit der Erwirtschaftung von Devisen zur Bedienung der Auslandsschulden sowie der Maßgaben der internationalen Kreditgeber zur Gewährung weiterer finanzieller Hilfen für das gesamte Land, mag die starke Konzentra-

tion auf die Exportproduktion in diesem Bereich (kurzfristig) unumgänglich sein. Langfristig muß eine solche
Wirtschaftspolitik als sehr kritisch beurteilt werden.

Anzumerken ist aber auch, daß mit dem Aufbau von industriellen Komplexen zur Weiterverarbeitung und Veredlung der
nationalen Bergbauproduktion in der Investitionsmittelverteilung ein Schritt zur Umorientierung dieser einseitig
ausgerichteten Wirtschaftspolitik angelegt ist. Über die
Rentabilität von Projekten wie zum Beispiel Cajamarquilla
zu urteilen, erscheint aber noch zu früh.

4.4.3.3 "Proyectos Especiales" im Tourismussektor als regionale Entwicklungsprojekte

Peru weist ein, vor allem vom kulturgeschichtlichen Aspekt
beurteilt, großes touristisches Potential auf, das jedoch
erst 1983 seit landesweit erfaßt und klassifiziert wird
(INP 1983a).

Bereits 1969 wird im Rahmen des PLAN COPESCO die schwer-
punktmäßige Tourismusförderung in der Region Cuzco/Puno be-
schlossen (MITI 1982, S. 3). Vorausgegangen ist eine Klassifizierung von elf prioritären Tourismuszonen und 35 dazu
komplementären Entwicklungsachsen. Im Gegensatz zu der INP-
Studie aus dem Jahr 1983 werden nur die Zonen ausgewiesen,
das touristische Angebot nicht exakter analysiert (MITI
1981, S. 114ff.)

Neben der Region Cuzco/Puno wird lediglich Cajamarca als
"Proyecto Especial" im Tourismussektor eingestuft und
konnte damit an der Finanzierung der "Banco Interamericano
de Desarrollo" (BID) partizipieren (persönliche Informationen von Herrn VILLAFUERTE, COPESCO-Cuzco 28.3.1985). Hauptziel dieses ausschließlich das indianische Kulturgut der

132

Anden fördernden Programms sind quantitative und qualitative Verbesserungen des touristischen Angebots. Darüber hinaus wird eine spezielle Aus- und Weiterbildung der in diesem Bereich Beschäftigten angestrebt (MITI 1981, S. 41ff.).

Realisiert werden sollen diese Ziele durch eine Dreiteilung der Arbeit, die sich wie folgt darstellt:

- "Acondicionamiento Urbano", also Ausstattung der Orte, die "touristisches Potential" aufweisen (nach welchen Kriterien dies zu messen ist, wird nicht erwähnt), mit Basisinfrastruktur (z.B. Aguas Calientes, Quillabamba);

- Restaurierung historischer Monumente (Pisac, der "Inka-Trail") sowie

- Infrastrukturarbeiten (zum Beispiel die Straßen Cuzco-Valle Sagrado, Cuzco-Juliaca, persönliche Informationen von Herrn VILLAFUERTE, 29.3.1985).

Wenn auch gemessen an den staatlichen Investitionen die Tourismusförderung auf nationaler Ebene von untergeordneter Bedeutung war (0,5 % der öffentlichen Investitionen 1968-1980, 0,6 % von 1980-1984), stellt sie für die Region Cuzco/Puno einen nicht unbeträchtlichen Teil der öffentlichen Investitionen dar[30].

In den 70er Jahren expandiert der Tourismussektor merklich. Dies betrifft vor allen Dingen das Departamento Cuzco. Diese Entwicklung läßt sich zum Beispiel in der Verdoppelung der Touristenankünfte von 1970 bis 1978 ablesen (vgl. allgemein CENTRO LAS CASAS 1981, S. 3ff., zu den genauen Zahlen MITI 1981, S. 11ff.).

---

30 In den Jahren 1977/78 beläuft sich der Anteil des PLAN COPESCO an den öffentlichen Investitionen des Departamentos Cuzco auf ca. 45%. Der von der BID bereits genehmigte Anschlußkredit COPESCO II (nach 1982) wurde von der peruanischen Regierung nicht gegengezeichnet (persönliche Informationen von Herrn VILLAFUERTE, 28.3.1985).

Mittlerweile hat aber Skepsis bezüglich unkontrollierter Entwicklungstendenzen im Tourismusbereich den anfänglich unbegrenzten Glauben an den Aufbau einer "Industrie ohne Schornsteine" (CENTRO LAS CASAS 1981) abgelöst.

Die Gründe dafür sind verschiedener Art. Innerhalb des Tourismussektor fehlt es noch immer an einer Institution mit für alle gültigen, normativen Kompetenzen. Als Folge dieses Zustandes ist eine weitere Expansion des Hotel- und Gaststättengewerbes in Cuzco festzustellen, obwohl die Touristenzahlen seit 1982 rückläufig sind. Gleichzeitig besteht in der Stadt Cuzco ein auf 14.000 beziffertes Wohnraumdefizit (persönliche Informationen von Herrn NEGRON, Tourismusministerium Cuzco 29.3.1985). Zwischen den beiden im Tourismussektor arbeitenden Organisationen, PLAN COPESCO und dem Tourismusministerium, besteht keine Abstimmung der Maßnahmen und auch nur eine geringe Kenntnis über die Arbeit des jeweils Anderen.

Als allgemein "gut" werden die durch den Tourismus für das Kunsthandwerk gesetzten Impulse bewertet (vgl. CENTRO LAS CASAS 1981, S. 15ff.). Insgesamt sind signifikante Veränderungen im Beschäftigungsniveau des Departamentos jedoch ausgeblieben (CENTRO LAS CASAS 1981, S. 3ff.).

Im Bereich der Landwirtschaft kommt es zu einer gegenläufigen als der "geplanten" Entwicklung, da mit der zunehmenden Touristenzahl die Nahrungsmittelproduktion des Departamentos nicht mehr ausreicht, so daß die Nahrungsmittelimporte in der Region Cuzco zunehmen (CENTRO LAS CASAS 1981, S. 26 und "SUR" Jan./Feb. 1982, S. 12ff.). Die Folge davon ist ein allgemein höheres Preisniveau für Nahrungsmittel in der Region.

Da darüber hinaus ein Großteil der durch den Tourismus erwirtschafteten Devisen nicht in der Region investiert wird

134

sondern nach Lima "abfließt", sind die staatlichen Investitionen im Tourismussektor als Maßnahme zur regionalen Entwicklung und deren Auswirkungen durchaus kontrovers zur beurteilen (LOVON ZAVALA 1982, S. 17). Die ehemalige Inkahauptstadt weist mit der oben beschriebenen Entwicklung einige typische Merkmale des internationalen Tourismus in den Ländern der Dritten Welt auf. Es fehlt an einer langfristigen Konzeption, ein Ausgleich des regionalen Entwicklungsgefälles konnte nicht erreicht werden, da ein Großteil der Gewinne nach Lima abfließt. Eine Tourismusförderung, und diese Meinung gewinnt auch in Cuzco an Gewicht, sollte nur komplementär erfolgen. Sie kann nicht der "entscheidende" Entwicklungsimpuls sein (SCHÜRMANN 1979, S. 228ff.)[31].

4.5 Die Mittel zur Umsetzung der Planung

4.5.1 Die administrativen Rahmenbedingungen

Die Umsetzung der wirtschafts- und sozialpolitischen Ziele muß in Peru, unter Berücksichtigung der Verfassung aus dem Jahr 1979 (vgl. NUEVA CONSTITUCION POLITICA, 12.7.1979, Art.111), mittels Entwicklungsplänen erfolgen.

Innerhalb dieses Bereiches der Entwicklungsplanung sind unter der Belaunde-Regierung zwei, auch für eine regional orientierte Wirtschaftsentwicklung wesentliche Ergebnisse festzuhalten:

- es wurden Änderungen und Neugründungen in der Administration vollzogen (COOPOP, CORDES, INADE), und

---

31 Detaillierte Untersuchungen über den Tourismus im Zusammenhang mit regionaler Wirtschaftsentwicklung liegen im lateinamerikanischen Raum vor allem für Mexiko vor (vgl. vor allem MÜLLER. 1983 und 1984 und GORMSEN 1983). Zur allgemeinen Problematik des Tourismus in Entwicklungsländern vgl. GRUBER/LAMPING/LUTZ et al. 1979 oder BUNDESMINISTERIUM FÜR WIRTSCHAFTLICHE ZUSAMMENARBEIT 1981.

- diesen neugegründeten Institutionen wurden "de facto" unterschiedliche Projekttypen zugeordnet. Die Unterschiede beziehen sich sowohl auf die zu erwartenden räumlichen Auswirkungen der Maßnahmen (lokal, regional, national), wie auch auf die Investitionsmittelverteilung, also einen mit zunehmender räumlicher Wirkung steigenden Umfang an finanziellen Mitteln, die in den Projekten eingesetzt werden.

Während der Militärregierungen war das INP im Bereich der Entwicklungsplanung federführend. Das Nationale Planungsinstitut bleibt zwar bestehen, "verliert" aber sowohl an INADE wie auch an die CORDES Kompetenzen.

Gerade die Auflösung und nachfolgende Eingliederung der Departamentsbüros des INP in die Planungsabteilungen der jeweiligen CORDES im Laufe des Jahres 1984, ist als massiver Bedeutungsverlust des INP als einer Institution der regionalen Entwicklungsplanung zu bewerten, da dem INP nun der "regionale Unterbau" fehlt.

Entwicklungsplanung wird seither von den CORDES, den einzelnen Ministerien und INADE betrieben (vgl. Schaubild 2).

Regionale Entwicklungspläne des "alten Typs" werden zuletzt im Jahr 1982 aufgestellt (INP 1982 b-i). Sie dürften durch die Auflösung des INP jedoch an Bedeutung verloren haben.

In Form departamentsbezogener oder an die jeweilige Projektregion gebundener Maßnahmenkonzeption liegt jedoch in den Ministerien und den Proyectos Especiales nach wie vor eine regional orientierte Entwicklungsplanung vor.

Bezüglich des offiziellen politischen Ziels einer stärkeren Dezentralisierung oder Regionalisierung des Landes weist der Typ "INADE-Planung" gegenüber den Ministerien Vorteile auf. In den Limeñer Ministerien wird jeweils eine eng umrissene Sektorplanung für das betreffende Departamento er-

136

Schaubild 2: **Der administrative Aufbau im Bereich der Ent-**
wicklungsplanung in Peru von 1981 bis 1985

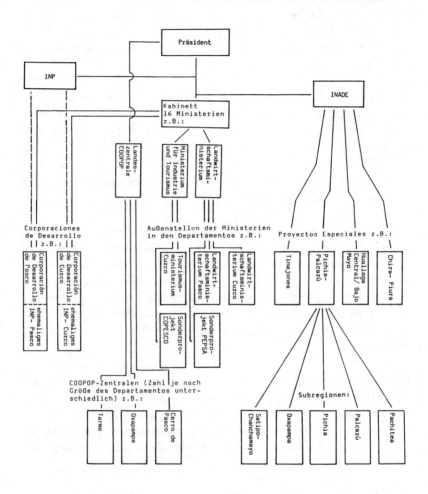

Quelle:
PRESIDENCIA DE LA REPUBLICA 1981 und 1982, und eigene Zusamenstellung
(vereinfachte Darstellung).

arbeitet. Die Tatsache, daß die Konzeption für den Landwirtschaftssektor im Departamento Cuzco nur in den entsprechenden Ministerien in Lima (nicht aber in der Außenstelle
in Cuzco) vorlag, könnte als ein Hinweis auf einen stark
zentralistisch ausgerichteten Planungsprozess interpretiert
werden.

Im Gegensatz dazu weisen die Planungen für die jeweiligen
Proyectos Especiales einen sektorübergreifenden, integralen
Planungsansatz auf, der zudem nicht notwendigerweise an be-
stehende administrative Grenzen gebunden ist (vgl. Lage und
Ausdehnung des Projekte "Jaen-San Ignacio-Bagua" oder "Pi-
chis-Palcazú") und auf diese Weise auch die naturräumlichen
Vorgaben einbeziehen kann.

Ein allgemein verbindlicher Rahmen für die Planung und die
Implementierung ist von der INADE vorgegeben. Anhand des
Proyecto Especial Pichis-Palcazú kann aber gezeigt werden,
wie durch die (teilweise auch politisch bedingte) Übertragung von Entscheidungskompetenzen und die Verlegung wichtiger Verwaltungsstellen in die Projektregion räumlich kür-
zere und daher effizientere Planungsstrukturen aufgebaut
werden können.

Unter Berücksichtigung der Analyse von Konzeptionen zur regionalen Entwicklungsplanung in Peru soll in diesem Zusammenhang auf die "Corporaciones de Desarrollo" eingegangen
werden, da sie in offiziellen Verlautbarungen als wichtig-
stes administratives Instrument der Dezentralisierung bezeichnet werden.

Mit dem "Ley 23339" vom 15.12.1981 werden die CORDES gegründet. Sie stellen von ihrer Aufgabenstellung und Ziel-

setzung her ein staatliches, dezentralisiertes Organ dar[32], haben den Status einer "juristischen Person" und sollen "im rahmen der Gesetze" über wirtschaftliche und administrative Autonomie verfügen[33]. Ihr Sitz liegt in der jeweiligen Departamentshauptstadt.

Regionale Entwicklungskörperschaften existierten in Peru bereits früher (vgl. Kap. 2.1 und 3.1.2.1). Nach dem explizit in die Verfassung aufgenommenen Ziel der Dezentralisierung (NUEVA CONSTITUCION POLITICA DEL PERU, Art. 252ff.) werden die CORDES als eine Übergangsregelung bis zur Verabschiedung des Regionalisierungsgesetzes und dem Einsetzen der Regionalversammlung interpretiert (BUSTAMENTE BELAUNDE 1983, LOZADA TAMAYO 1980).

Die wichtigsten Ziele der CORDES lassen sich wie folgt umreißen:

- rationale Nutzung der Ressourcen;

- Priorität für die ländliche Entwicklung;

- Stärkung von Klein- und Mittelbetrieben;

- Bereitstellung von Dienstleistungen und Infrastruktur, die weder in den Zuständigkeitsbereich der Zentralregierung noch der Munizipen fallen;

- Förderung von Erholung, Tourismus, Märkten und anderen regionseigenen Aktivitäten;

---

32 Der Begriff "Dezentralisation" soll ausdrücken, daß bestimmte Kompetenzen an Institutionen abgegeben werden, die nicht ein und dieselbe Organisation mit einer bisher bestehenden Institution im Zentrum bilden (zum Beispiel die CORDES). Dagegen soll mit "Dekonzentration" ein Modell bezeichnet werden, in dem die Verantwortung auf verschiedene Ebenen verteilt wird, alle Stellen jedoch zu ein und der gleichen Organisation gehören (für den Fall Perus: die Departamentsbüros eines Ministeriums; vgl. zur Begriffsverwendung BODE-MEYER 1981, S. 99ff. und JARRIN 1981, S. 276ff.).

33 "...con autonomía económica y administrativa dentro de la ley..." (EL PERUANO 15.12.1981; dies dient auch als Quelle für den Rest des Kapitels, sofern nicht anders gekennzeichnet).

- Diversifizierung der Produktionsstruktur;

- Leitung der Industrieparks und

- Förderung des Erziehungsbereichs.

Auf der Basis der theoretischen Konzeption kann bei den CORDES von einer Planungsinstitution gesprochen werden, die den multisektoralen Ansatz einer regional orientierten Entwicklungsplanung berücksichtigt.

Die auf dieser Basis notwendigen, von den CORDES durchzuführenden Arbeiten und die Kompetenzen der CORDES sind ebenfalls im "Ley 23339" festgeschrieben. In den Zuständigkeitsbereich der CORDES fallen demnach (formal):

- die Billigung des departamentalen Entwicklungsplanes;

- die Programmierung und Ausführung der öffentlichen Investitionen auf Departamentsebene;

- Prioritätenliste der Investitionen aufstellen;

- die Durchführung von multisektoralen Programmen, mikroregionalen Projekten und Maßnahmen der Integrierten ländlichen Entwicklung. Priorität sollen dabei die Grenzgebiete (zonas fronterizas) behandelt werden;

- Koordinierung staatlicher Pläne und deren Durchführungsmaßnahmen;

- Gründung der dafür notwendigen administrativen Verwaltungseinheiten und

- der "Empfang" der finanziellen und technischen Hilfe aus dem In- und Ausland.

Es soll hier nicht die staatsrechtliche Problematik der CORDES als regional-dezentrale Entwicklungskörperschaften und die Notwendigkeit oder Problematik ergänzender Gesetze und Verordnungen auf juristischer Ebene behandelt werden (vgl. dazu STUDER 1980b, LOZADA TAMAYO 1980). Die oben genannten Ziele lassen sich zwar in einem regional orientierten Entwicklungsansatz einpassen, aber vieles ist so ungenau formuliert worden, daß die Kompetenzen formal bleiben. Die entsprechenden Stellen der Zentralregierung sind noch immer an der Billigung der departamentalen Entwicklungspläne beteiligt und können auf diese Weise das Priorisieren der Investitionen vornehmen[34]

Von außerordentlicher Wichtigkeit ist in diesem Zusammenhang die Gewährleistung einer tatsächlichen wirtschaftlichen Autonomie für die CORDES. Dies müßte sich nicht auf sämtliche Sektoren erstrecken, mit Sicherheit aber auf Bereiche wie Planung und Durchführung der ländlichen Entwicklung oder Stärkung von Klein- und Mittelbetrieben. Obwohl die finanzielle Autonomie im "Ley 23339" verankert ist, scheinen dieser Forderung entsprechende Ausführungsbestimmungen zu fehlen und ein auf diese Weise entstandenes "finanzpolitisches Machtvakuum" von der Zentralregierung ausgefüllt zu werden.

Es läßt sich zahlenmäßig belegen, daß den CORDES insgesamt während der Jahre 1980-1984 sukzessive mehr Investitionsmittel zur Verfügung gestellt wurden (1981: 4,7 %, 1982: 10,1 %, 1983: 11,8 %, 1984: 14,6 %, errechnet aus unveröffentlichten Zahlen des Wirtschaftsministeriums). Auf den ersten Blick scheint dies zu belegen, daß die CORDES auch in der Investitionsmittelverteilung als ein wertvoller Beitrag zur Dezentralisierung eingestuft werden (vgl. PRESIDENCIA DE LA REPUBLICA 1983). Doch diesbezüglich sind einige Vorbehalte zu machen.

Unklar bleibt allgemein, welcher Prozentsatz von den CORDES frei verfügbar eingesetzt werden kann bzw. welche unumgäng-

---

34 In welchem Umfang der Einfluß der Zentralregierung vorliegt, wurde in Cuzco, Arequipa und Lima unterschiedlich beurteilt. Daß dieser Einfluß nach wie vor besteht, wurde an allen Stellen (CORDE-Cuzco, Cámara de comercio de Arequipa, INP-Lima und Landwirtschaftsministerium Lima) bestätigt.

lichen Vorgaben und Projektbindungen der finanziellen Mittel im Departamentshaushalt seitens der Regierung in Lima vorgegeben sind.

Berücksichtigt man bei der departamentsbezogenen Allokation der öffentlichen Investitionen, daß der relativ hohe Wert für Arequipa sich zu 77,5 % aus ausschließlich im Jahr 1981 im Sektor Landwirtschaft getätigten Investitionen zusammensetzt (vgl. wie auch zum folgenden Tab. 10, Karte 23), die CORDES 1984 einen Haushaltsposten "Katastrophenhilfe" (nördliche Costa, südliche Sierra) aufgenommen haben, ist eine signifikante Steigerung der Mittelzuweisungen zwischen 1981 und 1984 nur in wenigen Departamentos festzustellen.

Eine Erklärung ist vor allen Dingen die Erdölgesetzgebung (canon de petróleo), die die Beteiligung der betreffenden Departamentos an den Einnahmen aus der Förderung sichert.

Erdöl wird in den Departamentos Loreto, Piura und in geringem Umfang in Ucayali gefördert. Die Entwicklungskörperschaften dieser Departamentos sind es auch, die einen relativ hohen Anteil an den Investitionsmitteln der CORDES aufweisen oder eine auffallende Steigerung dieser Mittel zwischen 1981 und 1984 verzeichnen.

Eine derartige Beteiligung der Departamentos an dem Ertrag aus der Förderung "ihrer" natürlichen Ressourcen soll nicht auf das Erdöl begrenzt bleiben (vgl. NUEVA CONSTITUCION POLITICA DEL PERU Art. 121).

Käme es zu einer Verabschiedung diesbezüglich detaillierterer Gesetze für weitere natürliche Ressourcen, könnte ein grundsätzliches Defizit in der Funktionsfähigkeit der CORDES als regionale Entwicklungskörperschaft behoben werden. Es ist mit Sicherheit begrüßenswert, daß die Fragen der Finanierung regionaler Entwicklugnskörperschaften in das be-

Tabelle 10: Investitionen der CORDES 1981 - 1984 (in Mio. Dollar)

Departamento	1981	in %	1982	in %	1983	in %	1984	in %	Summe	in %
Amazonas	0,73	0,27	3,81	2,17	2,76	1,62	6,8	2,80	14,1	1,66
Ancash	8,53	3,12	9,77	5,56	9,25	5,43	6,17	2,54	33,72	3,97
Apurimac	3,05	1,12	4,05	2,30	3,18	1,87	8,53	3,53	18,81	2,21
Arequipa	98,6	36,10	7,19	4,08	8,54	5,02	5,68	2,34	120,01	14,11
Ayacucho	3,8	1,39	9,05	5,15	7,3	4,29	5,01	2,07	25,16	2,96
Cajamarca	0,72	0,26	4,68	2,67	7,44	4,37	7,06	2,91	19,9	2,34
Callao	0,58	0,21	2,98	1,70	2,49	1,46	2,44	1,01	8,49	1,00
Cuzco	13,36	4,89	10,15	5,78	8,96	5,26	8,62	3,56	41,1	4,83
Huancavelica	0,58	0,21	4,61	2,63	3,45	2,03	4,57	1,88	13,21	1,55
Huánuco	0,73	0,27	3,87	2,20	3,42	2,01	3,18	1,31	11,2	1,82
Ica	4,65	1,70	6,24	3,55	4,68	2,75	7,49	3,09	23,06	2,70
Junin	0,56	0,20	4,93	2,81	18,39	10,80	6,53	2,69	30,41	3,58
La Libertad	9,86	3,61	6,34	3,61	7,69	4,52	4,96	2,04	28,85	3,39
Lambayeque	20,72	7,58	4,38	2,49	5,19	3,05	13,47	5,56	43,76	5,15
Lima	1,45	0,53	4,06	2,31	3,42	2,01	9,83	4,05	18,76	2,21
Loreto	22,08	8,08	39,55	22,52	20,57	12,12	52,36	21,58	134,51	15,82
Madre de Dios	2,85	1,04	3,79	2,16	3,57	2,10	3,47	1,43	13,68	1,61
Moquegua	1,85	0,68	4,01	2,28	2,46	1,45	5,84	2,41	14,15	1,66
Pasco	0,73	0,27	4,71	2,68	3,32	1,95	2,69	1,11	11,45	1,35
Piura	55,07	20,14	7,26	4,13	7,22	4,24	39,97	16,48	109,52	12,88
Puno	7,04	2,57	6,85	3,90	10,14	5,96	11,35	4,68	35,42	4,17
San Martín	0,72	0,26	3,39	1,93	3,44	2,02	3,04	1,25	10,59	1,25
Tacna	7,53	2,75	6,18	3,52	3,32	1,95	3,94	1,62	20,97	2,45
Tumbes	4,57	1,73	3,8	2,16	3,52	2,07	8,14	3,36	20,03	2,36
Ucayali	3,15	1,15	10,41	5,93	15,94	9,36	11,33	4,67	40,83	4,80

Quelle:
CORPORACION DE DESARROLLO DE LIMA.

Karte 23: <u>Investitionen der CORDES nach Departamentos 1981</u>
<u>- 1984 (in %)</u>

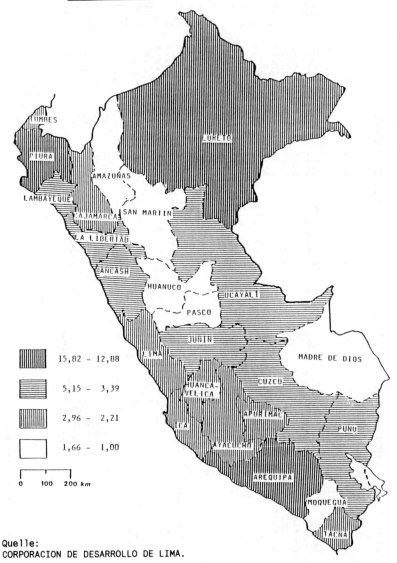

15,82 - 12,88	
5,15 - 3,39	
2,96 - 2,21	
1,66 - 1,00	

0   100   200 km

Quelle:
CORPORACION DE DESARROLLO DE LIMA.

144

treffende Grundlagengesetz aufgenommen sind (EL PERUANO
12.9.1986, Art. 82). Ein solches Grundlagengesetz wird
nicht alle Detailfragen klären können, doch wären vor dem
Hintergrund des stark ausgeprägten Zentralismus in Peru de-
taillliertere diesbezügliche Bestimmungen schon im Grundlagengesetz wünschenswert. Das Einbringen und Verabschieden
von Ausführungsbestimmungen wird die Funktionsfähigkeit der
CORDES oder später der Regionalregierungen ohnehin verzö-
gern.

Als Orientierung für eine solche Gesetzgebung könnten zum
Beispiel die regionalen Entwicklungskörperschaften in Kolumbien dienen, wo die Frage der finanziellen Ressourcen
bereits in den jeweiligen Grundlagengesetzen festgeschrieben ist[35].

Die Maßnahmen der Belaunde-Regierung auf dem Gebiet der öffentlichen Verwaltung können vor dem Hintergrund des "Reho-
vot-Approaches" (WEITZ 1979) als Aufbau einer mittleren
Planungsebene auf regionalem Niveau interpretiert werden.

Dabei werden zwei grundsätzliche Dezentralisierungsstrate-
gien gleichzeitig angewendet (vgl. dazu BODEMEYER 1981, S.
99ff.):

1. Die Schaffung von Parallelorganisationen (oder speziel-
   ler Entwicklungskörperschaften): die Proyectos Especiales und
2. eine Dekonzentration durch die Auslagerung weisungsabhängiger Behörden. Die Außenstellen der Ministerien,
   aber auch die CORDES sind hierzu zu zählen.

---

35 Vgl. dazu: MINISTERIO DE AGRICULTURA/CORPORACION ATUTONOMA REGIONAL
   DE LA SABANA DE BOGOTA Y DE LOS VALLES DE UBATE Y CHIQUINQUIRA o.J.
   und POSADA/DE POSADO 1966, S. 171ff.).

Soweit die relativ kurze Zeitspanne der Belaunde-Regierung Schlußfolgerungen zuläßt, ist das Modell der Proyectos Especiales als der weitergehende Ansatz zum Aufbau einer den Zielen der Regionalentwicklung entsprechenden Verwaltungsstruktur zu bezeichnen.

Allerdings liegen die Proyectos Especiales in den von ihrer natürlichen Ausstattung bevorzugten Räumen des Landes, während die CORDES auch in den marginalisierten Räumen aller Departamentos arbeiten. Das von beiden Institutionen Erreichte wird sich schon aus diesem Grund unterscheiden und nur ansatzweise vergleichen lassen.

4.5.2   Die Investitionsmittelzuweisung

Die Zuweisung öffentlicher Investitionen kann allgemein als ein wichtiges Instrument der Entwicklungsplanung angesehen werden. Dabei kann mit der Allokation finanzieller Ressourcen sowohl zum Abbau regionaler Disparitäten beigetragen, als auch regionale und/oder sektorale Schwerpunkte gesetzt werden, die die bestehenden Disparitäten noch verstärken.

Welche der beiden Entwicklungen eintritt, hängt im wesentlichen von den politischen Zielsetzungen der jeweiligen Regierung ab. Ohne die begleitende Berücksichtigung von Instrumenten der Raumordnungspolitik (Aufstellung eines Raumordnungplanes, steuerpolitische Maßnahmen; vgl. zu weiteren Instrumenten BOESELER 1982, S. 118), werden sich die Investitionen jedoch auf die bisherigen "Gunsträume" konzentrieren, marginale Regionen nicht oder nur wenig berücksichtigt werden, so daß die regionalen Disparitäten notwendigerweise wachsen.

Die Investitionsmittelzuweisung stellt also ein wichtiges, mit Sicherheit aber kein ausreichendes Instrument staatlicher Entwicklungspolitik dar. Sie kann aber auch, und dies soll nachfolgend geschehen, als ein analytisches Instrument eingesetzt werden, um zu untersuchen, inwieweit staatliche Entwicklungspolitik eine regionale Orientierung beinhaltet.

In Peru zeigen die Investitionsmittelzuweisungen - dieser Begriff umfaßt jeweils die peruanische wie auch die auf internationalen Verträgen basierende Finanzierung - zwischen 1981 und 1984 markante regionale wie auch sektorale Schwerpunkte (vgl. Karte 24).

Bezüglich der Methodik ist vorab zu bemerken, daß als Kriterium der regionalen Zuordnung der öffentlichen Investitionen ausschließlich die Lage des jeweiligen Projektes entscheidend war, da ein eventueller späterer Nutzen für ein oder mehrere Departamentos schwer oder gar nicht zu quantifizieren ist. Die Zuordnung des Wasserkraftwerkes Restitución erfolgte zum Beispiel in Huancavelica, wenn auch der spätere Nutzen in Junin und besonders in Lima liegen wird. Maßnahmen, die in ihren späteren Auswirkungen nicht eindeutig einem Departamento zugeordnet werden konnten, wurden als "nicht-departamentsbezogen" eingestuft. Dies trifft auf fast alle Straßenbauprojekte zu.

Eine regionale Aufgliederung der Investitionen läßt erkennen, daß der Anteil der nicht-departamentsbezogenen Investitionen im Vergleich zur Zeitspanne 1968-1980 stark zugenommen hat (vgl. Tab. 11). Dies bedeutet eine allgemeine Nivellierung der departamentsbezogenen Unterschiede in der Investitionsmittelzuweisung. Eine eindeutige Konzentration dieser Investitionen auf eine Großregion (etwa nördliche Costa) ist nicht festzustellen (vgl. Tab. 12).

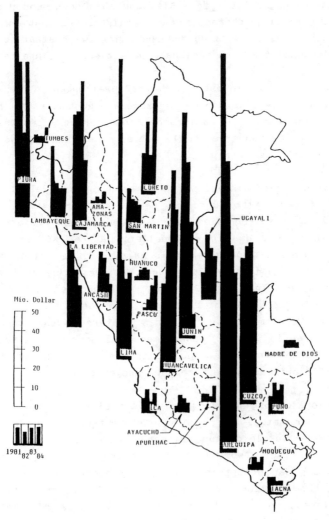

Quelle:
Eigene Zusammenstellung nach unveröffentlichten Materialien des Wirtschaftsministeriums.

Tabelle 11: __Die Verteilung der öffentlichen Investitionen__
__1968 - 1980 und 1981 - 1984 nach Departamen-__
__tos (in %)__

	1968-80	1981-84
Amazonas	0,4	0,23
Ancash	11,9	1,23
Apurimac	0,3	0,35
Arequipa	11,6	9,50
Ayacucho	0,6	0,42
Cajamarca	0,9	4,07
Cuzco	2,2	5,06
Huancavelica	3,6	5,30
Huánuco	1,4	0,29
Ica	1,5	0,63
Junin	1,3	4,91
La Libertad	3,3	2,40
Lambayeque	3,3	1,44
Lima[1]	18,7	5,30
Loreto	8,3	2,27
Madre de Dios	0,2	0,27
Moquegua	1,6	0,31
Pasco	0,3	0,64
Piura	8,4	5,38
Puno	1,3	0,93
San Martin	1,9	1,25
Tacna	0,5	0,54
Tumbes	0,4	0,34
Ucayali	-	1,67
nicht departamentsbezogen	16,1	46,62

1 Unter Lima sind auch die in der "Provincia Constitucional Callao"
getätigten Investitionen zusammengefaßt.

Quellen:
Für 1968-1980 nach RIZO PADRON 1982; für 1981-1984 unveröffentlichte
Materialien des Wirtschaftsministeriums.

Tabelle 12: Die Zusammensetzung der "nicht-departaments-bezogenen" Investitionen in Peru zwischen 1981 und 1984 (in Mio. US-Dollar)

	1981	1982	1983	1984	Summe	in %
Landwirtschaft (PEPSA, Beratungs- und Forschungspro- gramme, Andere[1]	13,96	22,50	17,50	35,42	88,96	3,18
Transport und Kom- munikation (Fern- straßenbau, Stra- ßenunterhaltung, Luftverkehr, Mili- tärposten, Not- standsmaßnahmen)	180,52	145,71	105,90	143,04	575,16	20,53
INADE (Projekt "Sierra Centro Sur, Andere)	7,38	6,66	2,81	0,48	17,33	0,62
Bergbau u. Energie (Forschung u. Pro- spektion)	1,50	2,25	0,34	0,44	4,53	0,16
COOPOP[2]	34,20	46,33	31,85	24,44	136,01	4,88
Erziehung (keine Konkretisierung der Maßnahmen)	30,09	48,06	16,91	16,37	111,43	0,40
Instituto Nacional de Fomento Municipal	–	–	5,25	13,08	18,32	0,65
ELECTRO-PERU (Hoch- spannungsleitungen, Instandsetzungsarbei- ten, Notstandsmaßnah- men, nicht näher lo- kalisierte Ruralelek- trifizierung)	15,18	67,45	80,76	62,77	226,16	8.07
PETROPERU (nicht projektgebundene Investitionen)	113,45	115,88	99,05	129,85	458,21	16,36
Summe					1709,18	

1 Der Begriff "Andere" steht für "Otros" im spanischen Text. Diese Maßnahmen werden nirgends weiter erläutert.
2 Die COOPOP-Investitionen sind departamentsbezogen, doch liegen entsprech- ende departamentbezogene Zahlen (aus anderer Quelle) nur für 1982 und 1984 vor (vgl. Kapitel 4.4.3.1.). Aus Vergleichszwecken wurden aber alle COOPOP- Investitionen als "nicht eindeutig ein Departamento betreffend" bewertet.

Quelle:
Zusammengestellt aus unveröffentlichten Informationen des Wirtschafts- ministeriums.

Im Vergleich zu den öffentlichen Investitionen in der Zeitspanne 1968-1980 fällt die starke Abnahme in den damals
überdurchschnittlich geförderten Departamentos Ancash und
Lima auf; eingeschlossen ist dabei die "Provincia Constitucional Callao", also das eigentliche Gebiet der Agglomeration Lima/Callao. Dies ist in beiden Fällen auf den Ab-
schluß großer Projekte im Industriesektor und die dann offensichtlich erfolgte Aufgabe der Entwicklungsförderung
durch das Konzept industrieller Wachstumspole zurückzuführen.

Unter den mit öffentlichen Investitionen besonders stark
geförderten Departamentos (vgl. Tab. 11) nimmt Arequipa
eine Sonderstellung ein. Dies ist auf den traditionell
starken Einfluß der "Arequipeños" in der nationalen Regierung und Verwaltung zurückzuführen, ein Einfluß, der sich
besonders in den bereits während der Militärregierungen begonnenen Großprojekten (Majes, Cerro Verde) manifestiert.

Wenn auch die öffentlichen Investitionen im Departamento
Arequipa zwischen 1981 und 1984 absolut eine stark rückläu-
fige Tendenz aufweisen, was vor allem in dem Rückgang der
Aufwendungen für die Großprojekte begründet ist, bleibt
Arequipa relativ gesehen doch die deutlich am stärksten mit
öffentlichen Investitionen geförderte Region des Landes.

Eine gegenteilige Entwicklung wie in Arequipa, der Verlust
einer Lobby in der Zentralregierung, würde sich als Erklärung der veränderten öffentlichen Investitionen in Piura
(1968-1980 = 8,4 %, 1981-1984 = 5,38 %) anbieten, da General Velasco aus diesem Departamento stammt, und es
offensichtlich während seiner Regierungszeit besonders för-
derte.

Für alle im Zeitraum 1981-1984 bezüglich der öffentlichen
Investitionen als "überdurchschnittlich gefördert" einzu-

stufenden Departamentos (hier: mehr als 7 % der
departamentsbezogenen Investitionen) ist eine starke Konzentration auf jeweils nur wenige Großprojekte festzustellen (vgl. Schaubild 3). Von besonderer Relevanz ist dies
für die Sierra-Departamentos, da die Großprojekte dort in
den Bereichen "Energieversorgung" und "Bergbau" angesiedelt
sind. Während eine Projektwirkung der Maßnahmen im Bereich
der Elektrizitätserzeugung in den entsprechenden Departamentos (zum Beispiel Huancavelica) als punktuell und zeitlich begrenzt (also im wesentlichen der Arbeitskräftebedarf
während der Bauphase) eingeschätzt werden kann, läßt sich
die Struktur und gesamtwirtschaftliche Bedeutung des Bergbaus (in den Sektoren Bergbau und Erdöl wurden 1981 69 %
der Deviseneinkünfte Perus erwirtschaftet) auf kapital-
intensive, exportorientierte und damit nur begrenzt regional wirksamwerdende Investitionen schließen. Dabei bleibt
wegen der mangelnden Datenlage in diesem Zusammenhang
unberücksichtigt, daß in einem Bergbaugebiet als begleitende Maßnahmen auch Straßen, Schulen, Krankenhäuser
etc. entstehen können, Maßnahmen, die ausschließlich dem
Departamento zugute kämen.

Den oben erwähnten Departamentos können die nur wenig berücksichtigten gegenübergestellt werden. Es sind dies: Amazonas, Apurimac, Ayacucho, Madre de Dios, Tacna und Tumbes.
Sie erfuhren weder unter den Militärregierungen noch unter
Präsident Belaunde eine nennenswerte Förderung durch öffentliche Investitionen.

Um die wenig berücksichtigten Departamentos näher zu dif-
ferenzieren, wurde eine Analyse der Pro-Kopf-Verteilung der
öffentlichen Investitionen angeschlossen (vgl. Karte 25).
Tacna, Tumbes und Madre de Dios sind relativ dünn besiedelte Departamentos. In der Pro-Kopf-Verteilung der öffentlichen Investitionen weisen sie dem Landesdurchschnitt entsprechende Werte auf.

152

Schaubild 3: Der Anteil der Großprojekte an den öffentlichen Investitionen nach Departamentos 1981 - 1984 (in %)

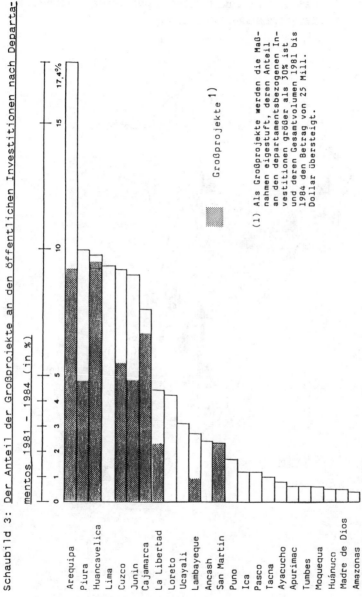

Großprojekte [1]

(1) Als Großprojekte werden die Maßnahmen eigestuft, deren Anteil an den departamentsbezogenen Investitionen größer als 30% ist und deren Gesamtvolumen 1981 bis 1984 den Betrag von 25 Mill. Dollar übersteigt.

Quelle:
Eigene Zusammenstellung nach unveröffentlichten Informationen des Wirtschaftsministeriums.

Karte 25: <u>Die Verteilung der Pro-Kopf-Investitionen nach</u>
<u>Departamentos 1981 - 1984</u>

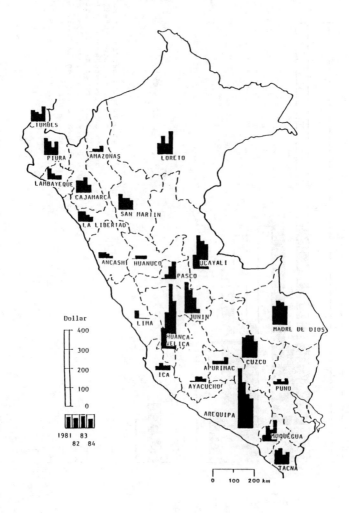

Quelle:
Eigene Zusammenstellung nach unveröffentlichten Materialien des Wirtschaftsministeriums.

Amazonas, Apurimac und Ayacucho weisen jedoch auch in der Pro-Kopf-Verteilung der öffentlichen Investitionen mit die niedrigsten Werte in ganz Peru auf. Da sie auch bezüglich weiterer regionaler Kennziffern (zum Beispiel Zahl der Ärzte, Bettenzahl im Gesundheitswesen, Analphabetenquote; vgl. Kap. 4.3) deutlich unter dem Landesdurchschnitt liegende Werte haben, müssen diese Departamentos zu der besonders marginalisierten und innerhalb der staatlichen Investitionsmittelplanung "vergessenen" Region des Landes gezählt werden.

In die Kategorie der marginalisierten Departamentos müssen auch Cajamarca und Huancavelica aufgenommen werden (AMAT Y LEON 1981, S. 13ff.). Sie nehmen aber eine Sonderstellung ein, da jeweils ein Großprojekt ihren Anteil an den öffentlichen Investitionen und auch an den Pro-Kopf-Investitionen signifikant erhöht. Diese Feststellung führt zu zwei Schlüssen: An den eigentlichen Entwicklungsproblemen dieser Gebiete (zum Beispiel hoher Anteil der in der Landwirtschaft Beschäftigten bei zunehmender Konzentration des Grundbesitzes, niedrige durchschnittliche Monatseinkommen) werden die Großprojekte relativ wenig ändern. Bezüglich der Methodik muß angenommen werden, daß die regionale Allokation staatlicher Investitionen ein wichtiges, aber kein völlig ausreichendes Instrument zur Analyse regionaler Entwicklungsplanung und -politik darstellt. Mögliche Sonderstellungen (zum Beispiel Cajamarca, Huancavelica) bedürfen der Erklärung durch weitere regionale Kennziffern.

Bisher wurde jeweils nur die Summe der öffentlichen Investitionen 1981-1984 einer Betrachtung unterzogen. Da der Regierung Belaunde in fünf Jahren nur ein begrenzter Zeitraum zur Verfügung stand, um ihre Konzeption umzusetzen, könnten über die zeitlich und regional aufgegliederte Investitionsmittelzuweisung zusätzliche Erklärungen für beabsichtigte regionale Entwicklungsimpulse gewonnen werden.

Mit einem derartigen Ansatz (vgl. Schaubild 4) lassen sich die Departamentos in drei Gruppen gliedern:

1. Departamentos, die nie über 1 % der öffentlichen Investitionen in den entsprechenden Jahren zugewiesen bekamen: Amazonas, Apurimac, Ayacucho, Prov. Const. Callao, Huánuco, Ica, Madre de Dios, Moquegua, Tacna und Tumbes.

2. Departamentos mit einem von 1981 bis 1984 rückläufigen Anteil an den öffentlichen Investitionen: Ancash, Arequipa, Cajamarca, Cuzco, Junin, La Libertad, Lambayeque, Lima, Piura und San Martin.

3. Departamentos, die einen Anstieg der öffentlichen Investitionen zwischen 1981 und 1984 verzeichneten: Huancavelica, Loreto, Pasco, Puno und Ucayali.

Auffallend ist, daß die von den Militärregierungen besonders stark geförderten Departamentos (Lima, Ancash, Arequipa), aber auch die übrigen Costa-Departamentos eine merkliche Abnahme des absoluten wie relativen Anteils an den öffentlichen Investitionen verzeichneten.

Neben der außergewöhnlichen Maßnahme in Huancavelica und der Ausnahme Puno handelt es sich bei den übrigen Departamentos, die eine Steigerung ihres prozentualen Anteils an den öffentlichen Investitionen verzeichnen konnten, um relativ große Gebiete in der Selva: Loreto, Ucayali und Pasco (Pasco ist kein reines Selva-Departamento, die Allokation der finanziellen Ressourcen vollzieht sich aber fast ausschließlich in der Selva-Provinz Oxapampa, so daß die hier getroffene Zuordnung zu rechtfertigen ist).

Pasco nimmt dabei eine Sonderstellung ein, da es das einzige Departamento in Peru ist, das zwischen 1981 und 1984 eine kontinuierliche Steigerung der öffentlichen Investitionsmittelzuweisungen erfuhr. Die Durchführungsphase des

Schaubild 4: <u>Die Entwicklung der öffentlichen Investitionen</u>
<u>von 1981 – 1984 nach Departamentos (in %)</u>

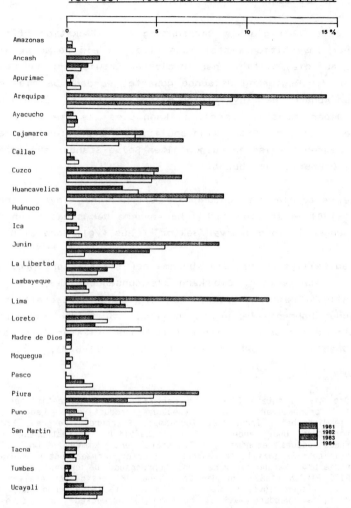

Quelle:
Eigene Zusammenstellung nach unveröffentlichten Materialien des Wirtschaftsministeriums.

Projektes "Regionalentwicklung Oxapampa" würde diese Tendenz fortsetzen.

Die zeitlich/regionale Betrachtung der Allokation öffentlicher Investitionsmittel kann also als ein weiterer Hinweis auf die Politik einer forcierten Entwicklung der Selva unter der Regierung Belaunde gewertet werden. Da dies mit einer Abnahme der Investitionsmittelzuweisungen für die Costa-Departamentos einherging, kann dies als ein Indiz für eine staatliche Entwicklungspolitik interpretiert werden, die begrenzt (also an ausgewählten Selva-Standorten) regionale Disparitäten abbaut.

Eine sektorale Betrachtung der öffentlichen Investitionen 1981-1984 weist eine merkliche Abnahme der staatlichen Zuweisungen im "produktiven Sektor"[36] aus (vgl. Schaubild 5).

Am auffälligsten ist die Abnahme der staatlichen Förderung im Industriesektor. Sie kann als Konsequenz der 1980 vom damaligen Premierminister Ulloa umrissenen wirtschaftspolitischen Rahmenziele angesehen werden, u.a. den Industriesektor der ausschließlichen Initiative privater Investoren zu überlassen (COOPERS/LYEBRAND 1983, S. II-6/7).

----

36 Die hier benutzte Gliederung der öffentlichen Investitionen in:
1. produktiver Sektor (sector productivo): Land- und Viehwirtschaft, Industrie, Tourismus, Fischerei, Bergbau, Erdölförderung und Handel; 2. wirtschaftliche Infrastruktur (infraestructura económica): Transport und Kommunikation, Elektrizität; 3. soziale Infrastruktur (sector infraestructura social): Erziehung, Gesundheitswesen und Wohnungsbau beruht auf einer von RIZO PADRON (1982) für die Zeit 1968-1980 erstellten Analyse der öffentlichen Investitionen in Peru. Die Gliederung und die Begriffsverwendung wurde zu Vergleichszwecken der Investitionstätigkeit zweier grundverschiedener Regierungen beibehalten. Da es sich bei den Begriffen "produktiver Bereich" etc. um die Übersetzung der von RIZO PADRON verwendeten spanischen Wörter handelt, können sie nicht an den deutschen Begriffsinhalten gemessen werden (zum Beispiel Zuordnung der Landwirtschaft zum produktiven Sektor).

Schaubild 5: <u>Die sektoralen Investitionsmittelzuweisungen</u>
<u>1968 - 1980 und 1981 - 1984 (in %)</u>

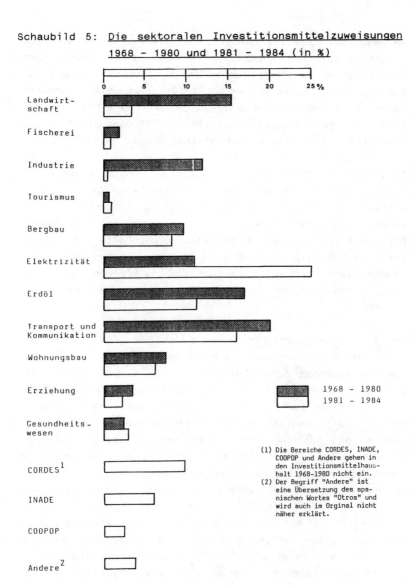

Quelle:
Eigene Zusammenstellung nach RIZO PADRON 1982 und unveröffentlichten
Materialien des Wirtschaftsministeriums.

Im Gegensatz dazu ist bezüglich des Landwirtschaftssektors
jedoch anzumerken, daß die Abnahme der öffentlichen
Investitionen zu einem bedeutenden Teil durch die Übertragung großer, meist schwerpunktmäßig für die Landwirt-
schaftsförderung konzipierter Projekte (Chira-Piura, Tinajones, Jequepeteque, Majes usw.) an INADE oder zuvor an die
Presidencia del Consejo de Ministros erklärt wird.

Da auch die CORDES landwirtschaftliche Projekte implemen-
tieren, weisen die so errechneten Stellenwerte der Landwirtschaft in der sektoralen Allokation finanzieller Ressourcen 1968-1980 und 1981-1984 eine weit geringere
Differenz auf. Dieser Restbetrag kann als Folge des mit den
peruanischen Agrarreformen verbundenen Rückgangs der
landwirtschaftlichen Produktion und nachfolgend auch des
landwirtschaftlichen Produktionspotentials interpretiert
werden.

Angesichts der wirtschaftlichen Krise Perus, die unter anderem in der steigenden Auslandsverschuldung, einer sich
beschleunigenden Inflation aber auch in der zunehmenden
Arbeitslosigkeit und Unterbeschäftigung einen Ausdruck
findet, bleibt aber zu fragen, ob mit einer derart massiven
Umverteilung staatlicher Investitionsmittelzuweisungen zu-
gunsten des Ausbaus "wirtschaftlicher Infrastruktur" (also
besonders der Elektrizitätserzeugung, vgl. Schaubild 5) ein
den kurzfristigen Notwendigkeiten des Landes gerecht wer-
dender wirtschaftspolitischer Schwerpunkt gesetzt wird.

Berücksichtigt man die Struktur und die Zielperspektiven
der wichtigsten Maßnahmen innerhalb der einzelnen Regionen
und Sektoren, zeigt sich, daß der Schwerpunkt staatlicher
Investitionstätigkeit zwischen 1981 und 1984 eindeutig auf
relativ kapitalintensiven, exportorientierten Projekten
liegt (Bergbau, Elektrizitätserzeugung, Intensivlandwirtschaft an der Costa). Damit können die als "exogen" defi-

nierten Ausgangsbedingungen (vgl. Kap. 4.1), insbesondere die Notwendigkeit neuer Kredite und die damit verbundenen Auflagen der Gläubiger zur Verwendung der Gelder, als bestimmend für die Investitionspolitik der Regierung Belaunde angesehen werden.

Die Gründung regional orientierter Entwicklungskörperschaften (CORDES, INADE; von der theoretischen Konzeption wäre auch COOPOP hinzuzurechnen) könnte aber als ein Korrektiv zu dieser "außenorientierten" Entwicklungsstrategie interpretiert werden. Daß es sich dabei nicht nur um ein in der Theorie angelegtes Korrektiv handelt, sondern dies auch offensichtliche praktische Auswirkungen hat, zeigt die Entwicklung der Investitionsmittelzuweisungen für die CORDES und INADE zwischen 1981 und 1984.

4.5.3   Der Stellenwert ausländischer Kredite in der nationalen Planung

Externe Finanzmittel stellen in Peru einen nicht unbedeutenden Anteil des staatlichen Investitionsmittelvolumens dar (vgl. Tab. 13) und können daher allgemein auch als ein wichtiges Mittel zur Umsetzung der nationalen Planung bezeichnet werden.

Eine Betrachtung über die Bedeutung der externen Finanzmittel muß aber über diese allgemeine Feststellung hinausgehen.

Dabei bleibt vor jeder weitergehenden Interpretation dieser Daten, und dies ist besonders für die Beurteilung des für 1985-1990 errechneten Bedarfs externer Finanzmittel wichtig, zu unterstreichen, daß Planung externen Finanzierungsbedarfs und tatsächlich gewährte Kredite erheblich voneinander abweichen: abgesehen vom Sektor "Elektrizität" lägen

161

die tatsächlichen ausländischen Investitionen immer bedeutend niedriger als in der Planungsgrundlage vorgesehen (INP 1981b).

Tabelle 13: **Der Anteil ausländischer Finanzmittel an den Investitionsprojekten in Peru (in %)**

1981	37,34		1986	47,60
1982	38,48		1987	47,00
1983	38,18		1988	47,55
1984[1]	38,71		1989	46,40
1985[2]	50,19		1990	46,03

1 Die Angaben für 1984 sind die vorläufigen Investitionszahlen.
2 Die Angaben für 1985 bis 1990 sind eine Projektion ohne detaillierte Angabe der Berechnungsbasis.

Quellen:
Für die Jahre 1981-1984 unveröffentlichte Informationen des Wirtschaftsministeriums; für die Jahre 1985-1990 vgl. INP 1985.

Daraus kann gefolgert werden, daß sich auch der für 1985-1990 errechnete Bedarf an externer Finanzierung reduzieren wird. Für eine solche finanzpolitische Entwicklung spricht weiterhin die von der Regierung Garcia gegenüber den internationalen Gläubigern eingeschlagene Politik (vgl. DIE ZEIT 9.8.1985; DER SPIEGEL 7.10.1985; FRANKFURTER RUNDSCHAU 12.2.1986, 4.3.1986 und 15.4.1986).

In diesem Zusammenhang ist jedoch nicht nur der insgesamt errechnete externe Kreditbedarf, sondern auch dessen regionale und/oder sektorale Verteilung von Interesse. Gliedert man die ausländischen Investitionen nach Sektoren, wird eine auffallende Konzentration deutlich. Dominant ist dabei der Bereich "wirtschaftliche Infrastruktur[37] mit 2/3 der

---

37 Begriffsverwendung und Klassifizierung der Haushaltsbereiche ("wirtschaftliche Infrastruktur") basieren auf RIZO PADRON 1982.

zwischen 1981 und 1984 investierten ausländischen Gelder
(Elektrizität = 46,64 %, Transport und Kommunikation =
19,47 %, vgl. Tab. 14).

Innerhalb der im "produktiven Bereich" (Landwirtschaft, Industrie, Bergbau, Erdölförderung und Regionalentwicklung)
investierten Gelder liegt das Schwergewicht auf den von der
INADE durchgeführten "Proyectos Especiales" und damit auf
der Regionalentwicklung. Es ist demnach davon auszugehen,
daß die Proyectos Especiales und die damit verbundene Entwicklungskonzeption nicht nur in der nationalen Planung,
sondern auch in den Überlegungen der internationalen Kreditgeber einen übergeordneten Stellenwert einnehmen. Ob und
inwieweit zwischen den Zielen der nationalen Planung und
internationalen Krediten eine direkte Abhängigkeit bestand,
ist auf der Basis des verfügbaren Datenmaterials nicht
nachzuweisen.

Einen nur marginalen Anteil in Höhe von 5,29 % hat der Be-
reich der "sozialen Infrastruktur" (Wohnungsbau, Erziehung,
Gesundheitswesen) an den ausländischen Investitionen in
Peru.

Ein Blick auf die Zusammensetzung der Schuldner Perus zeigt
die besonders für die Jahre 1982 und 1983 herausragende
Bedeutung der Weltbank für die internationalen Peru
gewährten Kredite (vgl. Tab. 15, 16). Vergegenwärtigt man
sich weiterhin nicht nur die wirtschaftspolitische Ausgangslage der Regierung Belaunde (vgl. Kap. 4.1), sondern
auch die allgemein zu konstatierenden Priorisierungen der
Weltbankkredite auf die Sektoren "Infrastrukturausbau" und
"Elektrizitätsausbau" (TETZLAFF 1980, S. 381ff.), so liegt
der Schluß nahe, daß auch die Investitionsplanung der Regierung Belaunde in nicht unbeträchtlichem Maße von der
Weltbank mitgestaltet wird. Für diese Annahme spricht auch,
daß die Weltbank von den Projekten der Regionalentwicklung,

Tabelle 14: Der Anteil externer Kredite an den sektoralen Investitionen 1981 - 1984

	Planungsansatz für externe Kredite		Summe der tatsächlichen externen Kredite		tatsächliche externe Kredite im Verhältnis zum Planungsansatz in %
	(Mio. $)	in %	(Mio. $)	in %	
1. Landwirtschaft	241,8	4,9	123,7	5,6	51,2
2. Industrie[1]	91,9	1,9	8,8	0,4	9,6
3. Bergbau	974,8	19,9	144,7	6,5	14,9
4. Erdöl	629,6	12,8	108,3	4,9	17,2
5. Elektrizität	1020,3	20,7	1033,5	46,6	101,3
6. Transport und Kommunikation[2]	679,6	13,8	431,5	19,5	63,5
7. Wohnungsbau[3]	547,0	11,1	7,3	0,3	1,3
8. Erziehung	153,6	3,1	34,9	1,6	22,7
9. Gesundheit	198,3	4,0	75,1	3,4	37,9
10. Regionalentwicklung[4]	387,7	7,9	248,2	11,2	64,0
Summe	4924,6	100,0	2215,9	100,00	

1 Externe Finanzierung lag nur bei den "Empresas Públicas", "Siderúrgica del Perú" (SIDER-PERU) und "Servicio Industrial de la Marina" (SIMA-PERU) vor.

2 In der INP-Planung werden "Transport" und "Kommunikation" getrennt aufgeführt. Zu Vergleichszwecken mit den tatsächlichen Investitionen, wo dieser Bereich nicht getrennt wird, sind sie auch hier zusammengefaßt worden.

3 In der INP-Planung sind unter dem Oberbegriff "Vivienda" (Wohnungsbau) auch die Projekte der Wasser- und Abwasserversorgung aufgeführt. Da "Vivienda" in den Unterlagen des Wirtschaftsministeriums nicht mehr als Sektor verwendet wird, sind die genannten Projekte bei den "tatsächlichen Investitionen" der Rubrik "Gesundheit" zugeordnet worden.

4 Die in den INP-Unterlagen genannten Projekte sind identisch mit den von INADE durchgeführten "Proyectos Especiales".

Quellen:
INP 1981 b; teilweise unveröffentlichte Informationen des Wirtschaftsministeriums.

Tabelle 15: Der Anteil der externen Kredite an den sektoralen Investitionen 1981 - 1984 und 1985 -
1990

	1981 - 1984[1] in Mio.$	in %	1985 - 1990[2] in %
Landwirtschaft	124,81	54,99	52,4
Fischerei	42,06	43,27	72,27
Industrie			45,6
Tourismus	7,16	17,14	18,5
Bergbau	147,51	29,00	66,6
Erdöl	108,67	17,35	51,1
Elektrizität	1033,49	63,66	56,68
Transport	401,05	45,51	33,9
Erziehung	34,86	31,28	23,6
Gesundheitswesen	75,06	41,76	42,35
Wohnungsbau	7,30	1,82	57,5
Integrale Projekte[3]	248,25	49,58	46,7

1 Unveröffentlichte Informationen des Wirtschaftsministeriums.
2 Für die Jahre 1985 - 1990 liegt nur der geschätzte prozentuale Wert
der benötigten externen Finanzierung vor.
3 Die sektorale Aufgliederung beruht auf der INP-Publikation. Für den
Zeitraum 1981 - 1984 wurden die INADE-Projekte unter der Rubrik
"Integrale Projekte ländlicher Entwicklung" zusammengefaßt.

Quellen:
INP 1985; unveröffentlichte Materialien des Wirtschaftsministeriums.

Tabelle 16: Der Anteil der Weltbankkredite an den internationalen Krediten in Peru von 1981 bis 1984
(in Mio. Dollar)

	ausländische Kre-dite insgesamt	Weltbank-kredite	in %
1981	632,52	148,0	23,4
1982	712,77	286,7	40,2
1983	555,34	302,0	54,4
1984	522,68	122,5	23,4
Summe	2423,31	859,2	

Quellen:
Unveröffentlichte Materialien des Wirtschaftsministeriums; WELTBANK
1981, 1982, 1984; WORLD BANK 1983.

die in Peru den "dritten Platz" unter den mit externem Kapital mitfinanzierten Positionen einnehmen, mit den Maßnahmen Alto Mayo, Chira-Piura (EL COMERCIO 31.3.1985) und
Satipo-Chanchamayo (BANCO MUNDIAL 1983) drei wesentliche
Entwicklungsprojekte mitfinanziert.

Inwieweit die Diversifizierung der Kredite seitens der
Weltbank in jüngerer Zeit (TETZLAFF 1980, S. 381) auch in
Peru ihren Niederschlag gefunden hat, es zu einer tatsächlich stärkeren Hilfe für die marginalisierte ländliche Bevölkerung gekommen ist oder ob - wie CHAHOUD (1982, S.
285ff.) am Beispiel Brasiliens nachweist - die Hilfe sich
schwerpunktmäßig auf die Förderung der Exportproduktion
konzentriert, damit die relativ wohlhabende innerhalb der
Klein- und Mittelbauernschicht fördert, kann noch nicht bewertet werden.

Der Planungsansatz der Proyectos Especiales - Alto Mayo,
Chira-Piura und Satipo-Chanchamayo sind dazuzurechnen -
kann als eine konzeptionelle Weiterentwicklung eines regional orientierten Planungsansatzes angesehen werden und
würde, von einer Ausnahme abgesehen ("Förderung der ärmsten
40 % der Bevölkerung") auch den von CHAHOUD (1982, S.
359ff.) aufgestellten Kriterien einer armutsorientierten
Entwicklungshilfe genügen[38].

Es steht aber in allen drei Fällen eine Evaluierung der
bisherigen Projektergebnisse noch aus.

---

38 Im Einzelnen führt CHAHOUD (1972, S. 359ff.) folgende Kriterien
   einer armutsorientierten Entwicklungshilfe an: "self reliance",
   Sicherung der Ernährungslage, Abbau regionaler Disparitäten,
   soziale Differenzierung der Maßnahmen, Förderung der ärmsten 40 %
   der Bevölkerung, soziale Partizipation und politischen Spielraum
   für die Regierung des Nehmerlandes.

Nimmt man den Umfang der Weltbankkredite als Maßstab, ist Peru unter der Regierung Belaunde "kreditwürdiger" geworden (vgl. auch Tab. 16); als es dies unter der Militärregierung für die Weltbank war.

Dies könnte in erster Linie darauf zurückgeführt werden, daß ein entsprechendes Wirtschaftsprogramm vorgelegt wurde (persönliche Mitteilung von Herrn THUMM ;Weltbank Lima, März 1985). Nachdem aber offensichtlich geworden wäre, und dies könnte eine Erklärung für die deutliche Abnahme des 1984 gewährten Kreditvolumens sein, daß die peruanische Regierung eine Reihe grundlegender Weltbankforderungen (zum Beispiel Privatisierung, "reelle" Bewertung der Landeswährung) nicht umgesetzt hatte, habe sich die anfangs positive Einstellung zu den wirtschaftspolitischen Maßnahmen der Regierung Belaunde verändert.

Inwieweit die Weltbankkredite eine "Signalwirkung" für andere Kreditgeber hatten oder haben (CHAHOUD 1982, S. 71ff.), läßt sich für die jüngste Entwicklung (noch) nicht beurteilen.

Die Weltbank und das von ihr geforderte Wirtschaftsprogramm können mit Sicherheit weder ausschließlich für die wirtschaftliche Krise Perus, noch für den zwischenzeitlichen Aufschwung zu Beginn der 80er Jahre (SCHLEGEL 1980, S. 45) verantwortlich gemacht werden.

Die Anfälligkeit eines wesentlich auf Exportorientierung ausgerichteten Entwicklungsmodells sollte angesichts der durch die fallenden Weltmarktpreise für die wichtigsten Exportprodukte hervorgerufenen Krise (HEUER/OBERREIT 1981, S. 48; PRESIDENCIA DE LA REPUBLICA 1982, S. 21) evident geworden sein, so daß die These, der eigentliche Fehler des Weltbankstabilisierungsprogramms sei seine zu späte Implementierung und die zu großzügige Handhabung (BODANOWICZ-BINDERT 1983, S. 70); in dieser Form nicht haltbar ist.

4.6   Zusammenfassung: Die Plausibilität regionaler und sektoraler Planungsmaßnahmen

Untersucht man die regionale und sektorale Planung hinsichtlich ihrer Abstimmung und ihres Bezugs aufeinander, so sind zwei wesentliche Ausgangsbedingungen zu nennen, die sich der Entwicklungsplanung der Regierung Belaunde stellen.

Die angespannte Lage der Staatsfinanzen, die daraus resultierende Notwendigkeit neuer Kredite, sowie die damit verbundenen Konditionen durch die Gläubiger mußte fast zwangsläufig zu einer Orientierung auf die Exportproduktion bzw. den Weltmarkt führen. Vom Blickwinkel regionaler Planungsmaßnahmen aus betrachtet bedeutet dies eine Förderung der bereits intensiv landwirtschaftlich genutzten Gebiete an der Costa (vgl. Kap. 4.4.1.1) sowie des Bergbaus in der Sierra (vgl. Kap. 4.4.3.2). In beiden Fällen ist dies eine staatliche Förderung mit hohem Kapital- und Technologieaufwand für eng umgrenzte und, gemessen am Landesdurchschnitt, "relativ entwickelte" Gebiete[39]. Die Wirkung dieser Maßnahmen wird im großen und ganzen punktuell bleiben.

Es besteht also ein deutlicher Zielkonflikt zwischen der von der Regierung propagierten besseren Integration des Landes, dem Abbau regionaler Disparitäten und der durch die

---

39 Die sozio-ökonomischen Kennziffern liegen für 1981 nur auf Departamentsebene vor. Die zum Teil für 1972 vorhandenen Zahlen sind dagegen bis auf die Provinzebene untergliedert (vgl. ohne Verfasser: MAPA DE LA POBREZA 1972) und zeigen, daß in den allgemein als "marginal" einzustufenden Sierraregionen die Bergbaustandorte eine deutlich herausgehobenen Stellung einnehmen.

Notwendigkeit neuer Kredite bedingten Investitionstätigkeit des Staates in bereits relativ weit entwickelten Gebieten.

Nach zwölf Jahren Militärherrschaft wies auch die Planungs- und Verwaltungsebene stark zentralistische Züge auf. Grundlegende Ziele der "Peruanischen Revolution" wie zum Beispiel die Bildung einer gerechteren Gesellschaft ohne Privilegien, ohne Marginalisierung und Diskriminierung (vgl. Kap. 3.1.1), waren u.a. durch Zentralismus, der sich jedoch nicht nur auf die Planungs- und Verwaltungsebene erstreckt, nicht erreicht worden.

Nimmt man die Dezentralisierung und Regionalisierung als ein entwicklungspolitisches Ziel der Belaunde-Administration - das nationale Regionalisierungsgesetz (vgl. INP 1984) sollte die Ernsthaftigkeit dieses Zieles belegen können - sind auf der Planungs- und Verwaltungsebene Umstrukturierungen notwendig. Diese mögen politisch bedingt sein, also lediglich dadurch motiviert, daß die neue Regierung sich durch bestimmte Maßnahmen von der vorherigen absetzen will, oder aber als administrative Voraussetzungen unabdingbar erscheinen, um die angestrebten Ziele zu erreichen. Im Zusammenhang dieser Arbeit interessieren vor allen Dingen die auf eine Dezentralisierung der Planungsfunktionen und Entscheidungskompetenzen der öffentlichen Verwaltung ausgerichteten Maßnahmen.

Welches, sofern es einen gab, auch der dominierende Faktor war, festzuhalten bleibt, daß derartige administrative Umstrukturierungen zu zeitlichen Verzögerungen bei der Implementierung von Maßnahmen führen und, was für die Bewertung der Politik Belaundes noch wichtiger ist, kaum in einer fünfjährigen Regierungszeit zum Tragen kommen können.

Bei einer Konzeption zur Lösung der wesentlichen Entwicklungsprobleme Perus muß die Regierung Belaunde diese ihren
Handlungsspielraum einengenden Bedingungen berücksichtigen.

Darüber hinaus konnten auch nicht alle Probleme gleichzeitig in Angriff genommen werden - es mußten, beispielsweise
wegen nur begrenzt vorhandener finanzieller Mittel, Prioritäten gesetzt werden. Daß dies auf der theoretischen Ebene
geschah, zeigt ein Vergleich der Regierungserklärungen der
Jahre 1981 bis 1984 (vgl. Tab. 4).

Besondere Bedeutung wurde in den Regierungserklärungen der
Ausdehnung der landwirtschaftlichen Nutzfläche beigemessen[40]. Nachdem der Stellenwert solcher Maßnahmen an der Costa als mehr oder weniger "unverrückbare Variable" in der
staatlichen Entwicklungsplanung angenommen wurde, soll bei
einer folgenden Beurteilung der Plausibilität der Neulanderschließung in der Ceja de Selva (in diesem Fall: Agrarkolonisation) mehr Bedeutung zugemessen werden, zumal es
sich bei der Erschließung dieser Region um einen programma-
tisch neuen Ansatz der Regierung Belaunde handelt.

Die Erschließung und Entwicklung der Ceja de Selva sollte
zur Umsetzung zweier zentraler nationaler Entwicklungsziele
beitragen, der Verminderung des Bevölkerungsdrucks in der
Sierra bei gleichzeitiger Entlastung der Metropole
Lima/Callao und der Steigerung der nationalen Produktion
von Grundnahrungsmitteln.

Potentiell, dies ergaben die Vorstudien (unter anderem JBR
ASSOCIATES 1981, ONERN 1970, PRESIDENCIA DEL CONSEJO DE MI-

---

40 Der Begriff "amplificación de la tierra agraria" (Ausdehnung der
   landwirtschaftlichen Nutzfläche) darf nicht mit "Agrarkolonisation"
   gleichgesetzt werden, da in Peru unter diesem Terminus auch die
   Gewinnung zusätzlichen Bewässerungslandes an der Costa verstanden
   wird.

NISTROS 1983), ist die Ceja de Selva weit intensiver und vielfältiger zu nutzen als bisher. Da die wesentlichen Agrarkolonisationsprojekte in Peru zuvor in der Selva baja angesiedelt waren (SCHUURMAN 1980, NELSON 1973), sind die dort gesammelten Erfahrungen nicht oder nur in begrenztem Maße auf das Modell der Proyectos Especiales de la Selva zu übertragen.

Eine Reihe grundlegender Voraussetzungen blieb aber zu beachten, um die angestrebten regionalen Entwicklungsziele oder auch den Beitrag zu den nationalen Zielen zu gewähr- leisten. Es galt, und dies wurde mit der Gründung der INADE erreicht, einen funktionierenden administrativen Apparat aufzubauen, der auch schnelle Kommunikationsflüsse und nachfolgende Entscheidungen zwischen den Einzelprojekten und der Zentrale in Lima ermöglichte. Die "Standard-Kompo- nenten" der Proyectos Especiales (vgl. Kap. 4.4.2.2) si- chern den Einfluß der INADE bei der Durchsetzung der Haupt- ziele auf Projektebene. Die einzelnen Projekte verfügen aber über so viele Kompetenzen, um innerhalb dieses Rahmens unterschiedliche Gewichtungen vornehmen zu können.

Die bisherigen Erfahrungen auf dem Gebiet der Agrarkoloni- sation in Lateinamerika haben die Notwendigkeit eines inte- gralen, multisektoralen Planungsansatzes ersichtlich werden lassen (vgl. Kap. 2.3). Dieser Forderung wird in den Pro- yectos Especiales mit den "Standard-Komponenten" ebenfalls entsprochen. Darüber hinaus muß aber oder Zugänglichkeit einer Region, in erster Linie dem Straßenanschluß, ent- scheidende Bedeutung für den Erfolg eines Kolonisations- projektes beigemessen werden (vgl. SCHUURMAN 1980 mit den Beispielen "Caballococha" und "Jerrano Herrera").

Versucht man nun, mit den öffentlichen Investitionen als Erklärungsansatz, das Verhältnis von staatlicher Planung und die Bedeutung der Planung für die nachfolgende Implementierung zu analysieren, kann festgestellt werden, daß in vergleichsweise kleinen Räumen große Summen investiert werden (vgl. Karte 20 und Kap. 4.4.4.2). Dem in der Planung festgeschriebenen Vorsatz der schwerpunktmäßigen Entwicklung ausgewählter Regionen der Ceja de Selva wird also in der Implementierungsphase entsprochen. Die Tatsache, daß relativ "breit gestreute" Finanzierung erreicht werden kann (PRESIDENCIA DEL CONSEJO DE MINISTROS 1983a), deutet nicht nur auf ein hohes Interesse der jeweiligen Geldgeber an dieser Entwicklung hin. Mit diesen internationalen Geldern wird auch eine mittelfristig gesicherte, prinzipiell auch einen Regierungswechsel überdauernde Finanzierung geschaffen.

An Bedeutung gewinnt dies, wenn in Betracht gezogen wird, daß eine integrale, regional orientierte Entwicklungsplanung erst mittel- bis langfristig Erfolge zeitigen kann. Frühere Agrarkolonisationsprojekte wiesen keine derartig gesicherte Finanzierung auf, so daß sie von politischen Kursänderungen abhängig waren.

Kritisch anzumerken bleibt jedoch, daß innerhalb der öffentlichen Investitionen im Bereich des Straßenbaus (federführend war das "Ministerio de Transporte y Comunicación", nicht INADE) mit dem Bau der Carretera Marginal ein Projekt gefördert wird[41], das der "vertikalen Integration" des Staatsgebietes dient, während die ganzjährige Befahrbarkeit der "Erschließungsstraßen" (in diesem Fall also der "horizontalen Integration", in Peru werden diese Straßen auch als "Transversalen" bezeichnet) von der Costa in die Ceja de Selva nicht gewährleistet werden konnte.

---

41 In die Carretera Marginal wurden zwischen 1981 und 1984 insgesamt 92,92 Millionen Dollar investiert. Dies entspricht 8,79 % der Investitionen des Ministeriums in Bereich Transport und Kommunkation (unveröffentlichte Materialien des Wirtschaftsministeriums).

Ohne eine kurzfristig gesicherte Anbindung an das wichtigste Wirtschaftszentrum des Landes würden aber auch mittel-
und langfristig keine Entwicklungsimpulse von der Carretera
Marginal zu erwarten sein.

Angesichts der außenwirtschaftlichen Verpflichtungen nahmen
die Sektoren Bergbau und Erdölförderung fast zwangsläufig
eine herausgehobene Stellung in der Entwicklungskonzeption
der Regierung Belaunde ein (vgl. auch Tab. 4). Aber die Anfälligkeit einer solchen, schwerpunktmäßig auf Exportförderung ausgerichteten Wirtschaftsplanung läßt sich bereits in
der Regierungserklärung des Jahres 1983 erahnen und wird
letztlich durch die sich seit 1984 verschärfende
Wirtschaftskrise bestätigt.

Wichtig wäre es gewesen, was aber in der Entwicklungsplanung der Jahre 1981 bis 1984 weitgehend unterblieb bzw.
auch gar nicht beabsichtigt war, die Weiterverarbeitung der
Bergbau- und Erdölproduktion im Land anzustreben oder sofern dies bereits gegeben ist, sie zu stimulieren. Mit anderen Worten: die Entwicklungsplanung für die Bereiche
Bergbau und Energie wäre mit der des Industriesektors abzu-
stimmen.

Eine solche Politik hätte zudem den Vorteil, zusätzliche
Arbeitsplätze zu schaffen, würde somit einen Beitrag zur
Lösung des Beschäftigungsproblems erbringen. Die Ansiedlung
weiterverarbeitender Betriebe in den Abbau- und Förderre-
gionen wäre damit als ein Ansatz regionaler Wirtschaftspolitik zu beurteilen. Dies könnte darüber hinaus einen Beitrag zur Minderung eines der zentralen Probleme Perus, der
stetigen Zuwanderung in die Metropole Lima/Callao, leisten.

In der Zeit von 1981 bis 1984 ist die staatliche Förderung
des Industriesektors jedoch stark rückläufig. Private Investoren können dies nicht ausgleichen. Die teilweise massi-

ven staatlichen Vorleistungen im Infrastrukturbereich (Transport und Kommunikation, Elektrizität) sind als Impuls zur regionalen Wirtschaftsförderung nicht ausreichend oder befinden sich in Regionen, die für die Privatwirtschaft nicht interessant gewesen sein können.

Der gesamte Bereich der "sozialen Infrastruktur" (Erziehung, Gesundheitswesen, Wohnungsbau) kann bei der beschriebenen gesamtwirtschaftlichen Ausgangslage nur von untergeordneter Bedeutung im Investitionshaushalt sein. Bei der allgemeinen Problematik begrenzter Mittel, die gerade diesen Bereich besonders berührt, bliebe aber zu bedenken, ob das mit Sicherheit wichtige Ziel der Reduzierung der Analphabetenquote nicht schon in der Konzeption ausdrücklicher auf die davon am meisten betroffenen Departamentos (Apurimac, Ayacucho, Huancavelica, vgl. auch Karte 14) bezogen werden sollte. Besonders die, auch von der sehr wenig konkreten Zielperspektive (vgl. Kap. 4.2) bedingte, nur ansatzweise gegebene Überprüfbarkeit der Ergebnisse hat Zweifel an der Stringenz und dem tatsächlich Erreichten in der Alphabetisierungskampagne laut werden lassen. Eine Konzentration der Maßnahmen auf "ausgewählte Defizitregionen" wäre ein erster, mit Sicherheit aber kein ausreichender Schritt zur Intensivierung von Planung und Implementierung in diesem Bereich.

Im Bereich der Wohnungsbaupolitik läßt sich ein Zielkonflikt ausmachen. Einerseits erfordert der Ist-Zustand, die ständige Zuwanderung nach Lima/Callao, staatliche Maßnahmen in den Marginalvierteln der Hauptstadt, andererseits müssen auch die übrigen Departamentos verstärkt in das staatliche Wohnungsbauprogramm aufgenommen werden, wenn das Ziel einer besseren Bevölkerungsverteilung im Staatsgebiet erreicht werden soll.

Bei den zwischen 1980 und 1984 fertiggestellten Wohnungen liegt der Schwerpunkt eindeutig auf Lima/Callao (1/3 aller im Lande gebauten, aus öffentlichen Mitteln geförderten Wohnungen, vgl. PRESIDENCIA DE LA REPUBLICA 1984, S. 148). Dies wäre als Reaktion der staatlichen Wohnungsbaupolitik auf den durch die allgemeine Wirtschaftsstruktur und -entwicklung bedingten Migrantenstrom nach Lima/Callao zu interpretieren.

Innerhalb der noch in Ausführung befindlichen staatlichen Wohnungsbauprogramme hat der Anteil der in der Landeshauptstadt angesiedelten Projekte abgenommen (17,4 %, vgl. PRESIDENCIA DE LA REPUBLICA 1984, S. 148). Damit wird, ohne es als eigenständiges Entwicklungsziel formuliert zu haben, ein Beitrag zur Verbesserung der Lebensqualität in den Departamentos geleistet. Ein Wohnungsbauprogramm außerhalb der Metropole Lima/Callao bleibt aber als "Tropfen auf den heißen Stein" anzusehen, so lange es nicht in Verbindung mit wirtschaftspolitischen Fördermaßnahmen in den entsprechenden Regionen konzipiert wird.

Der daraus zu ziehende Schluß, daß die Vielschichtigkeit der nationalen, aber auch der regionalen Probleme in Peru keinen isolierten, sondern einen integrierten Planungsansatz erfordert, ist hier nur beispielhaft angerissen, läßt sich aber auch auf andere Sektoren beziehen.

Unter Berücksichtigung der anfangs angeführten einschränkenden Bedingungen kann die Entwicklungspolitik der Regierung Belaunde als "bedingt plausibel" bezeichnet werden. Die wesentlichen Planungsziele sind auf zentrale Probleme des Landes bezogen (Förderung der Exportproduktion und Devisenbedarf des Landes, Erschließung der Ceja de Selva und Verminderung des Bevölkerungsdrucks in der Sierra bei gleichzeitiger Entlastung Limas), eine Abstimmung der Entwicklungsplanung der einzelnen Sektoren untereinander läßt sich allerdings nur "bedingt" ableiten.

Der Abbau der ungleichen Bevölkerungsverteilung durch die Erschließung der Ceja de Selva stellt mit Sicherheit ein konservatives Lösungsschema dar (vgl. GARCIA 1970, S. 181). Die Frage nach dem gesamtwirtschaftlichen Ergebnis einer stärkeren Förderung der Costa und/oder der Sierra muß hypothetisch bleiben. Fest steht jedoch, daß eine dezidiertere staatliche Förderung der Sierra anderer Instrumente bedurft hätte (eine Möglichkeit wären Agrarreformen).

Bedenkt man den zukünftig mit Sicherheit noch steigenden Aufwand an Kapital, Technologie und die nicht absehbaren, über die Costa hinausreichenden ökologischen Risiken (vgl. zum Beispiel REVISTA DEL DOMINGO 19.5.1985 mit dem Beispiel Chungará im Azapa-Tal/Nordchile), um in dem ariden Küstenstreifen weitere landwirtschaftliche Nutzflächen zu gewinnen, nimmt man die (unveränderlichen) klimatischen Risiken der Sierra hinzu, kann eine staatlich gelenkte Erschließung der Ceja de Selva nicht nur als kostengünstiger angenommen, sondern auch als plausible Entwicklungsplanung bezeichnet werden.

Um dieser Konzeption zumindest eine mittelfristige Perspektive zu geben, müssen die ökologischen Rahmenbedingungen einen sehr viel stärkeren Stellenwert als in der Vergangenheit bekomen. Das Modell der "Proyectos Especiales de la Selva" könnte diesbezüglich einen Anfang darstellen.

5   ZUSAMMENFASSENDE SCHLUSSTHESEN ZUR REGIONAL-
     ENTWICKLUNG IN PERU

Einige Überlegungen grundlegender Art seien an den Schluß
der Arbeit gestellt.

Mit der zweiten Regierung Belaunde gewinnen auch in Peru
lateinamerikanische Charakteristiken der Entwicklungsplanung wieder an Gewicht. Diese These gründet auf den
nachfolgenden Merkmalen, die sich jeweils auf die
Entwicklungsplanung in Peru während der ersten Hälfte der
80er Jahre beziehen lassen.

Den grundlegenden staatlichen Entwicklungsmaßnahmen gehen
umfangreiche Evaluierungen voraus. Damit ist einerseits der
Entscheidungsprozeß prinzipiell für die Öffentlichkeit
nachvollziehbar, andererseits, und dies ist von wesentlich
mehr Gewicht, bilden diese Evaluierungen auch die Basis zur
Ausarbeitung wirtschaftspolitischer Strategiepapiere von
nationaler Bedeutung (zum Beispiel Agrarkolonisation in
Amazonien zur Verminderung des Bevölkerungsdrucks in der
Sierra, Abbau der Zollschranken und Exportorientierung der
Wirtschaft).

In viel stärkerem Maß als in den 70er Jahren sind ausländische Institutionen (staatlich und/oder privatwirtschaft-
lich) bereits mit diesem Prozeß der Zielformulierung be-
faßt.

Ausländische Fachberater werden in Peru unter der Belaunde-
Regierung aber auch den Spitzen der Verwaltungsstruktur

177

eingesetzt (zum Beispiel als Berater im Büro des Pre-
mierministers).

Schließlich ist unter den Charakteristiken lateinamerikanischer Entwicklungspolitik die Finanzierung der Maßnahmen
auf der Basis bi- und multilateraler Verträge anzufügen.

An die Finanzierung der grundlegenden Maßnahmen staatlicher
Entwicklungspolitik auf der Basis internationaler Verträge
sei noch ein Gedanke geknüpft, der nicht mit den Charakteristika lateinamerikanischer Entwicklungspolitik in Verbindung gebracht werden soll. Externe Finanzmittel, die
durch bi- und multilaterale Verträge ins Land kommen, könnten als ein Mittel für Kontinuität in der Entwicklungsplanung und -politik dienen. Dies setzt voraus, ist auch der
Regelfall, daß derartige Verträge Laufzeiten haben, die
über die jeweilige Wahlperiode der Regierungen (in Peru
fünf Jahre) hinausgehen.

Eine derartige Kontinuität kann aber sowohl negative wie
auch positive Folgen haben. Ein langfristiger Vertrag birgt
zweifelsohne auf der einen Seite die Gefahr, die Abhängigkeit von einer Konzeption zu "zementieren", auch wenn deren
unerwünschte Folgen längst erkannt sind. Einen derartigen
Fall könnte das mittlerweile mit massiven finanziellen Be-
lastungen verbundene Elektrifizierungsprogramm in Peru darstellen. Fast alle diesbezüglich abgeschlossenen Verträge
sind auf die Endphase der Militärregierung zu datieren.

Andererseits bliebe aber auch zu überlegen, ob es bei der
Erschließung Amazoniens nicht gerade zu den grundlegenden
Bedingungen gehört, daß die Maßnahmen langfristig konzi-
piert sind und nicht nur auf kurzfristige (und bereits oft
gescheiterte) Lösung struktureller Probleme angelegt sind.
Dies setzt neben einer sorgfältigen, auch die ökologischen
Risiken einbeziehenden Evaluierung, auch eine langfristig

gesicherte Finanzierung voraus. Angesichts der starken innenpolitischen Implikationen, die Agrarkolonisation in Peru hat, ist eine Regierungswechsel überdauernde interne Finanzierung äußerst fraglich.

Ob die von der Regierung Belaunde nun eindeutig betriebene Politik der externen Finanzierung für die "Proyectos Especiales de la Selva" auf dem oben erwähnten Gedanken beruht oder eher zufälliger Natur war, kann kaum eindeutig belegt werden.

Entwicklungspolitik ist in nicht unbedeutendem Ausmaß von der nationalen Verwaltungsstruktur abhängig. Auch wenn die bisherigen Erfahrungen sicherlich noch nicht ausreichend sind, um zu einem endgültigen Urteil zu kommen, weisen die vorliegenden Resultate auf eine größere Effektivität einer Parallelverwaltung (als Beispiele könnten stehen: INADE in Peru, Corporaciones Autònomas in Kolumbien) hin. Eine solche eher nach funktionalen und technischen Gesichtspunkten aufgebaute Institution hat gegenüber der oft schwerfälligen, zuweilen nach politischen Gesichtspunkten besetzten Ministerialbürokratie zudem den Vorteil, unabhängiger von politischen Wechseln im Land zu sein. Der Aufbau einer Parallelverwaltung sollte aber in jedem Fall von Anstrengungen zur Qualifizierung des Personals der Ministerialverwaltung begleitet werden, um einen Prozess der Ausblutung der bestehenden Verwaltung zu verhindern.

Mit dem Aufbau einer Parallelverwaltung kann eine Regionalisierung des Landes verbunden sein. Das noch von der Belaunde-Regierung eingebrachte Projekt (INP 1984) ist von der neuen Regierung aufgegriffen worden (EL PERUANO 12.9.1986, Suplemento Especial), so daß die Relevanz dieses Themas für die weitere Entwicklungsplanung in Peru vorausgesetzt werden kann.

Die bisherigen Modelle der Regionalisierung haben jedoch zwei Fragenkomplexe deutlich werden lassen, die bisher nicht gelöst sind: Es besteht kein Konsens wie und nach welchen Gesichtspunkten die Abgrenzung der neu zu bildenden Regionen vorgenommen werden soll und unklar ist darüber hinaus die Frage der Kriterienwahl zur Analyse des aktuellen Entwicklungsstandes in den einzelnen Regionen geblieben.

Eine Analyse der regionalen und sektoralen Allokation öffentlicher Investitionen, ggf. ergänzt durch die Auswertung ausgewählter sozio-ökonomischer Kennziffern, wäre ein möglicher Ansatzpunkt zur Lösung des zweiten Problems.

Bezüglich der Abgrenzungsfrage scheinen in Peru die derzeitigen Departamentsgrenzen die praktikabelste Lösung für eine möglichst zügige Umsetzung der Regionalisierung zu sein. Dieser Schluß basiert auf dem Tatbestand, daß das statistische Material - abgesehen von wenigen Ausnahmen - lediglich auf Departamentsebene vorliegt.

Berücksichtigt man die räumlichen Auswirkungen der Politik Belaundes fällt auf, daß im Gegensatz zu den frühen Formen der Entwicklungskonzeption für den ländlichen Raum, nun der Produktionsaspekt wieder stärker berücksichtigt ist. Dies unterstreicht die Auswahl kleiner, von ihrem potentiellen Produktionspotential über dem Landesdurchschnitt liegender Räume an der Costa und in der Ceja de Selva. Eine stärkere Berücksichtigung der sozialen Aspekte von Entwicklungsplanung hätte zu einer dezidierteren Förderung der besonders marginalisierten Regionen führen müssen.

Die von der Belaunde-Regierung verfolgte räumliche Schwerpunktbildung unterstreicht aber weiterhin, daß auch eine regional orientierte Entwicklungsplanung von dem politischen Faktor eines möglichst schnellen Erfolges abhängig ist. Ein derartiger unausgesprochener Rechtfertigungsbedarf

kann gegenüber internationalen Gläubigern wie auch im eigenen Land bestehen und ist in den Arbeitsgebieten der INADE
schneller zu erreichen als in den besonders marginalisierten andinen Regionen.

LITERATURVERZEICHNIS

AMAT Y LEON, C.
Diagnóstico: El Desarrollo Desigual de las Regiones
del Perú, in: AMAT Y LEON, C., CHAVEZ, L., BUSTAMANTE
BELAUNDE, L. (Hrsg.): Lecturas sobre Regionalización,
Lima 1981, S. 13-69

ANDRE, J.
Raumplanung und Infrastruktur in Grenzgebieten, in:
EUROPARAT (Hrsg.): Europäisches Symposium der Grenz-
regionen, Straßburg 1972, S. 3

ARAMBURU, C., BEDOYA GARLAND, E., RECHARTE, J.
Colonización en la Amazonia, Lima 1972

BACA TUPAYACHI, E.
Cuzco: Sistemas Viales, Articulación y Desarrollo Regional, Cuzco 1983

BÄHR, J.
Chile, Stuttgart ^{2}1981

BAHRENBERG,G. GIESE, E.
Statistische Methoden und ihre Anwendung in der Geographie, Stuttgart 1978

BANCO AGRARIO DEL PERU
Programa Crediticia 1985, Lima, unveröffentlicht

BANCO AGRARIO DEL PERU
Unveröffentlichte Materialien über die Verteilung der
Nebenstellen der Banco Agrario del Perú, Lima, o. J.

BANCO CENTRAL DE RESERVAS
El Mapa de la Pobreza, Lima, unveröffentlicht

BANCO MUNDIAL
Informe de Evaluación por los Servicios del Banco

BARTELS, D.
Zur wissenschaftlichen Grundlegung einer Geographie
des Menschen. Geographische Zeitschrift, Beihefte,
Wiesbaden 1968

BARTELS, D. (Hrsg.)
Wirtschafts- und Sozialgeographie. Köln/Berlin 1970

BASURTO, R.
Algunas Consideraciones sobre la Actual Política de Penetración Capitalista en la Selva: La Región Pichis -Palcazú, el Gobierno y US-AID, in: SHUPIHUI 16, Okt. -Dez. 1980, S. 442-450

BEHNFELD, H.
Räumliche Planung in Lateinamerika, Baden-Baden 1980

BEJARANO, J. A.
La Economíia Colombiana en la Decada del 70, Bogotá 1984

BENECKE, D. W.
Desarrollismo - ein überlegtes Konzept? in: BUISSON,I.; MOLS, M. (Hrsg.): Entwicklungsstrategien in Lateinamerika in Vergangenheit und Gegenwart, Paderborn 1983, S. 197-206

BERNEX DE FALLEN, N.
El Concepto de Región y la Regionalización del Perú, in: DELGADO M., C. (Hrsg.): La Crítica del Centralismo y la Cuestión Regional, Lima 1984, S. 129-156

BETANCUR, B.
Si, se puede, Bogota ³1983

BODEMEYER, R.
Einkommensdifferenzen als Problem der öffentlichen Verwaltung in Entwicklungsländern, in: BODEMEYER,R. et al.: Stadt-Land-Verflechtung und Einkommensverteilung in Entwicklungsländern (Bd. 17 der Schriften des Zentrums für regionale Entwicklungsforschung der Universität Gießen), Saarbrücken/Fort Lauderdale 1981, S. 79-104

BOESELER, K.A.
Raumordnung (Erträge der Forschung, Bd. 165), Darmstadt 1982

BOESELER, K. A.
Politische Geographie, Stuttgart 1983

BOGDANOWICZ-BINDERT, L. A.
Portugal, Turkey, Peru: Three Successful Stabilization Programmes under the Auspieces of the IMF, in: World Development Vol. 11, Nr. 1, 1983, S. 65-70

BOISSIER, S.
Polos de Desarrollo: Hipótesis y Politicas, Genf 1972

BOUSTEDT, O.
Grundriß der empirischen Regionalforschung, Teil 1:
Raumstrukturen (Taschenbücher der Raumordnung Bd. 4),
Hannover 1975

BRANDT, H. J.
Politischer Monatsbericht, Peru, August 1984, Lima,
unveröffentlicht

BRÜCHER, W.
Rinderhaltung im Amazonischen Regenwald, in: Tübinger
Geographische Studien 34, Tübingen 1970, S. 215-226

BRÜCHER, W.
Formen und Effizienz staatlicher Agrarkolonisation in
den östlichen Regenwaldgebieten der tropischen Anden-
länder, in: Geographische Zeitschrift 65 (1977), Heft
1, S. 3-22

BRÖSSE, U.
Raumordnungspolitik, Berlin/New York 1975

BRYCE MURRAY, D.
A Programme for the Industrial and Regional Development of Peru. Part 1: Peru-Via-Plan, Cambridge, Mass.
1960

BUCH, A.
Das Bewässerungsprojekt "Tinajones" Peru, in: Über-
see-Schriftenreihe Heft 7, Hamburg 1964

BUNDESMINISTERIUM FÜR WIRTSCHAFTLICHE ZUSAMMENARBEIT
Entwicklungspolitik: Materialien Nr. 67, Tourismus in
Entwicklungsländern, Bonn 1981

BUSTAMANTE BELAUNDE, L.
Gobiernos Regionales: Prognóstico Reservado, in:
DEBATE 22, Sept. 1983, S. 60-66

CABALLERO, J. M.
El Fracaso del Modelo Agrario Militar, in: CENTRO DE
INVESTIGACION Y CAPACITACION (Hrsg.): Realidad del
Campo Peruano Después de la Reforma Agraria, Lima
1980

CABIESES, H.;KRUIJT, D.;LIZARRAGA, R.;VELLINGA, M.
Industrialization and Regional Development in Peru,
Amsterdam 1982

CARAVEDO, B.
El Problema del Decentralismo, Lima 1983

CENTRO NACIONAL DE CAPACITACION E INVESTIGACION PARA LA
REFORMA AGRARIA (CENCIRA)
Diagnóstico de la Microregión Calca - Urubamba, Cuzco
1981

CENTRO DE INVESTIGACION DE METODOS Y TECNICAS PARA PEQUEÑAS
Y MEDIANAS EMPRESAS
Algo sobre Pequeñ y Mediana Empresa, o. O., o. J.

CENTRO LAS CASAS (Hrsg.)
Investigación sobre Desarrollo Regional Cuzco 1950-
1980, 5.7. Informe: Sector Turismo, Cuzco 1981

CENTRO LAS CASAS (Hrsg.)
Tintaya - El Desarrollo Minero del Cusco, Cuzco 1984

CHAHOUD, T.
Entwicklungsstrategie der Weltbank: Ein Beitrag zur
Überwindung von Unterentwicklung und Armut? Saarbrük-
ken/Fort Lauderdale 1982

CHASE SMITH, R.
Las Comunidades Nativas y el Mito del Gran Vacio Ama-
zónico, in: ASOCIACION INTERETNICA DE DESARROLLO DE
LA SELVA PERUANA (AIDESEP) (Hrsg.): Documentos
AIDESEP 1, Lima 1983a

CHASE SMITH, R.
Das Sonderprojekt Pichis-Palcazú, in: POGROM, Nr. 99,
14. Jahrgang, 1983b, S. 44-45

CONSEJO INDIO DE SUD AMERICA
Boletín Bimestral Informativo Nr. 3, Lima 1984

COOPERS; LYEBRAND et al.
Evaluación del Sector Privado del Perú, o. O., 1983

CORPORACION DE DESARROLLO DE AREQUIPA (Hrsg.)
Problemática y Perspectivas de Desarrollo Departamental, Arequipa 1983

CORPORACION DE DESARROLLO DE LIMA
    Inversión Ejecutada a Cargo de ORDES y CORDES por
    Sectores 1980 - 1984, Lima o. J.

CORNELIUS, W. A.;TRUEBOLD, F. M.
    Latin America Urban Research Vol. 5. Urbanization and
    Inequality. The Political Economy and Rural Develop-
    ment in Latin America, Beverly Hills/London 1975

COMISION DE REHABILITACION Y RECONSTRUCCION DE LA ZONA
AFECTADA
    Esquema General de Desarrollo de Chimbote y Sus Mi-
    croregiones - Segunda Fase, o. O., o. J.

DAMS, T. (Hrsg.)
    Integrierte ländliche Entwicklung. Theoretische Ent-
    wicklung und praktische Erfahrung, München/Mainz 1980

DAMS, T. et al. (Hrsg.)
    Integrierte ländliche Entwicklung - Theorie, Konzep-
    te, Erfahrungen, Programme, Hamburg 1985

DATTA, A.
    Ursachen der Unterentwicklung, München 1982

DE OLARTE, G.
    Economías Regionales del Perú, Lima 1982

DE OLARTE, J.
    El Marco Geográfico de la Región Sur, in: El Sur
    Peruano: Realidad Poblacional, Lima 1983, S. 13-53

DEPARTAMENTO DE PLANEACION - REPUBLICA DE COLOMBIA
    Plan de Integración Nacional 1979-1982, Tomo 1, Bogo-
    tá 1980

DEUTSCH-SÜDAMERIKANISCHE BANK
    Kurzberichte über Lateinamerika, Februar 1982, S.
    116-120

DEUTSCH-SÜDAMERIKANISCHE BANK
    Kurzberichte über Lateinamerika, Mai 1982, S. 116-120

DEUTSCH-SÜDAMERIKANISCHE BANK
    Kurzberichte über Lateinamerika, August 1982, S. 109-
    114

189

DEUTSCH-SÜDAMERIKANISCHE BANK
Kurzberichte über Lateinamerika, November 1982, S. 109-113

DIAS CORREA, C.
El Proyecto Tintaya: Un Reto para el Desarrollo Regional, in: CENTRO LAS CASAS (Hrsg.): Tintaya - El Desarrollo Minero del Cusco, Cuzco 1984, S. 21-46

DIONISO ORTIS, O. F. A.
Oxapampa. Visión Historica y Desarrollo de la Provincia de Oxapampa en el Departamento Pasco, Tomo 1, Lima 1967

DOLZER, H.
Die bäuerliche Gesellschaft zwischen Traditionalität und Modernität, in: Europäische Hochschulschriften Band/Vol. 55, Frankfurt a. M. 1979, S. 74-111

ECHEGARAY, C.
Tintaya y el Futuro de Espinar, in: CENTRO LAS CASAS (Hrsg.): Tintaya - El Desarrollo Minero del Cuzco, Cuzco 1984, S. 47-87

EICH, O.
Die Industrie Perus, in: Entwicklungspolitische Korrespondenz 6, Heft 4 (1975)

ESPINOZA CLAUDIO, C.
Los Barones de Algodon en Piura, in: UNIVERSIDAD NACIONAL MAYOR DE SAN MARCOS (Hrsg.): El Problema Agrario en el Valle del Chira, Lima 1982, S. 1-61

ESSER, K.;JOHANNEN, U.
Die Urwaldrandstraße - Ein kühnes Entwicklungsprojekt in Lateinamerika, in: ASA - Auswertungsberichte PER 68/1, CARL DUISBERG GESELLSCHAFT

FEDER, E.
Erdbeer-Imperialismus. Studien zur Agrarstruktur in Lateinamerika, Frankfurt a. M. 1980

FLORES-GALINDO, A.
Arequipa y el Sur Andino: Ensayo de Historia Regional (Siglos XVIII - XX), Lima 1977

FLORES-SAENZ, O.
An Historical Analysis of Perus Agriculture Export
Sector and the Development of Agricultural Techno-
logy, Diss. Madison/Wisconsin 1977

FRIEDMANN, J.
Regional Planning as a Field of Study, in: FRIEDMANN,
J.;ALONSO, W. (Hrsg.): Regional Development and
Planning, Cambridge/Mass. ⁵1972

FRIEDRICH-NAUMANN-STIFTUNG
Integración Andina, Bogotá 1974

FÜRST, E.
Staat, Kapital und Regionalproblem in Peru 1968-1978,
Saarbrücken/Fort Lauderdale 1981

FUHR, H.
Bauernbewegung und Agrarreform in Peru, Frankfurt a.
M. 1979

FUNDACION FRIEDRICH EBERT
PLANDRA - Objetivos en la Problemática del Desarrollo, Arequipa 1981

FUNDACION FRIEDRICH EBERT
PLANDRA - Propósitos, Realizaciones y Resultados 1979
- 1981, o. O., o. J.

FUNDACION PARA EL DESARROLLO
Plan de Ejecución del Proyecto de Desarrollo Integral
de Alto Huallaga - Resumen, Lima 1981

GAITSCH, A.
Das Anta-Projekt, Paderborn 1977

GAITSCH, A.
Die Peruanische Agrarreform. Landgemeinden versus Ge-
nossenschaften, Meisenheim am Glan 1979

GARBRECHT, G.
Gutachten über den Aufbau und die Ausführung einer
Versuchsstation für Bewässerungswirtschaft im Chan-
cay-Tal (Tinajones-Projekt), Braunschweig 1972, unveröffentlicht

GARCIA, A.
Dominación y Reforma Agraria, Lima 1970

GERNERT, J.
    Standortbedingungen der Industrie in einem Entwick-
    lungsland - Das Beispiel Peru, in: MIKUS,W. (Hrsg.):
    Struktur und Entwicklungsprobleme der Industrie
    Perus, Heidelberg 1985, S. 5-111

GESELLSCHAFT FÜR AGRARENTWICKLUNG (GAE)
    Deutsch-peruanische technische Zusammenarbeit im
    Tinajones-Bewässerungsprojekt/Peru.   Abschlußbericht
    für den Zeitraum 1. 5. 1968 - 31. 10. 1983, Bonn 1983

GORMSEN, E.
    Der internationale Tourismus - Eine neue "Pionier-
    front" in Ländern der Dritten Welt, in: Geographische
    Zeitschrift, Jahrgang 71, Heft 3 (1983), S. 149-165

GREEN, D.
    The Cold War Comes to Latin America, in: BERNSTEIN,
    B. J. (Hrsg.): Politics and Policies of the Truman
    Administration, Chicago 1972

GREMLITZA, D.
    Die Agrarreform in Peru von 1968, Meisenheim am Glan
    1979

GRIMM, K.
    Theorien der Unterentwicklung und Entwicklungsstrate-
    gien, Opladen 1979

GRUBER, G. et al. (Hrsg.)
    2. Frankfurter Wirtschaftsgeographisches Symposium.
    Der Tourismus als Entwicklungsfaktor in Tropenlän-
    dern, Frankfurt a. M. 1979

GTZ
    Ländliche Regionalentwicklung, Eschborn 1983

GTZ
    Projektfortschrittsbericht Nr. 24 für das Projekt Ge-
    werbeförderungszentrum IDINPRO-IDAMPEI, SENATI, Lima,
    1. 10. 1984 - 30. 6. 1985, o. O.

HARTNAGEL, B. M.
    Die Entwicklungsstrategie der Militärregierung in
    Peru seit 1968, Dissertation Hamburg 1976

HEINRITZ, G.
    Zentralität und zentrale Orte, Stuttgart 1979

192

HENNINGS, G.;JENSSEN, B.;KUNZMANN, K.
Dezentralisierung von Metropolen in Entwicklungsländern, in: Raumforschung und Raumordnung, 1980, Heft 1
-2, S. 12-25

HEMMER, H.R.
Wirtschaftsprobleme der Entwicklungsländer, München
1978

HILHORST, J.
Planificación y Desarrollo Regional en el Perú 1968 -
1977, in: Revista Latinoamericana de Estudios Urbanos
Regionales, Vol. VI, Dez. 1979, Nr. 17, S. 23-41

HILHORST, J.
Regional Planning in Peru 1968-1977: Top-down or
Bottom-up? in: Institute of Social Studies, Occasio-
nal Papers 83, The Hague 1980

HILHORST, J.
Peru: Regional Planning 1968-1977: Frustrated Bottom-
Up Aspirations in a Technocratic Military Set-ting,
in: STÖHR, W. (Hrsg.): Development from Above or
Below? Chichester N. Y. 1981, S. 427-450

HIRSCHMANN, A.
Die Strategie der wirtschaftlichen Entwicklung,
Stuttgart 1967

HEUER, W.;OBERREIT, W. (Hrsg.)
Peru. Kolonisation und Abhängigkeit, Saarbrücken/Fort
Lauderdale 1981

HOEFKEN PEREZ, J.
Regionalización del Perú para Su Desarrollo, in:
DELGADO,C. (Hrsg.): La Crítica del Centralismo y la
Cuestión Regional, Lima 1984, S. 193-209

HOLZBORN, H. W.
Das Problem des regionalen Entwicklungsgefälles, Dissertation, St. Gallen 1978

HÜTTERMANN, A.
Zum Begriff "Industriepark", in: Geographisches Ta-
schenbuch 1977/78, S. 223-240

INADE
    Apoyo a la Política de Desarrollo. Selva Alta (Serie:
    Documentos de Trabajo), Lima 1984

INADE
    Proyectos Microregionales de la Sierra, Lima o. J.

INCORA
    Distritos de Riego de los Rios Coello y Saldaña, El
    Guamo 1968

INCORA
    Estudios para el Traspaso de los Distritos de Riego
    de Coello y Saldaña a los Usuarios, unveröffent-
    lichtes Typoskript

INSTITUTO NACIONAL DE ESTADISTICAS
    Censos Nacionales VIII de Población III de Vivienda,
    Resultados de Prioridad, Tomo I, Lima 1981

INSTITUTO NACIONAL DE ESTADISTICAS
    Producto Bruto Interno por Departamentos 1971-1981,
    Lima 1983

INSTITUTO NACIONAL DE ESTADISTICAS
    Perú: Compendio Estadístico 1983, Lima 1984

INSTITUTO NACIONAL DE PLANIFICACION
    Plan del Perú 1971-1975, Vol. I: Plan Global, Lima
    1971a

INSTITUTO NACIONAL DE PLANIFICACION
    Perú - Plan Nacional de Desarrollo para 1971-1975.
    Anexos al Volumen I: Plan Global, Lima 1971b

INSTITUTO NACIONAL DE PLANIFICACION
    Plan del Perú 1971-1975, Tomo V, Vol. XII, Plan de
    Desarrollo de la Zona Afectada, CRYRZA, Lima 1972

INSTITUTO NACIONAL DE PLANIFICACION
    Plan Nacional de Desarrollo 1975-1978, Lima 1975

INSTITUTO NACIONAL DE PLANIFICACION
    Proyectos de Inversión que Requieren Financiamiento
    Externo 1981-1983, Lima 1981

INSTITUTO NACIONAL DE PLANIFICACION
Plan Nacional de Desarrollo 1982-1985. Plan Departamental de Desarrollo de Amazonas, Lima 1982a

INSTITUTO NACIONAL DE PLANIFICACION
Plan Nacional de Desarrollo 1982-1985. Plan Departamental de Desarrollo de Arequipa, Lima 1982b

INSTITUTO NACIONAL DE PLANIFICACION
Plan Nacional de Desarrollo 1982-1985. Plan Departamental de Desarrollo de Huánuco, Lima 1982c

INSTITUTO NACIONAL DE PLANIFICACION
Plan Nacional de Desarrollo 1982-1985. Plan Departamental de Desarrollo de Ica, Lima 1982d

INSTITUTO NACIONAL DE PLANIFICACION
Plan Nacional de Desarrollo 1982-1985. Plan Departamental de Desarrollo de Loreto-Ucayali, Lima 1982e

INSTITUTO NACIONAL DE PLANIFICACION
Plan Nacional de Desarrollo 1982-1985. Plan Departamental de Desarrollo de Pasco, Lima 1982f

INSTITUTO NACIONAL DE PLANIFICACION
Plan Nacional de Desarrollo 1982-1985. Plan Departamental de Desarrollo de Piura, Lima 1982g

INSTITUTO NACIONAL DE PLANIFICACION
Plan Nacional de Desarrollo 1982-1985. Plan Departamental de Desarrollo Ancash, Lima 1982h

INSTITUTO NACIONAL DE PLANIFICACION
Apuntes para un Plan de Desarrollo a Mediano Plazo, Lima 1985

KOHLHEPP, G.
Planung und heutige Situation staatlicher kleinbäuerlicher Kolonisationsprojekte an der Transamazonica, in: Geographische Zeitschrift 64 (1976), Heft 3, S. 171-210

KOHLHEPP, G.
Siedlungsentwicklung und Siedlungsplanung im zentralen Amazonien, in: GRUBER, G. et al.: Planung und Entwicklung von Mittelpunktsiedlungen in überseeischen Kolonisationsgebieten, Frankfurt a. M. 1978, S. 171-191

KOHLHEPP, G.
Strategien zur Raumerschließung und Regionalentwicklung im Amazonasgebiet. Zur Analyse ihrer entwicklungspolitischen Auswirkungen, in: BUISSON, I.;MOLS, M. (Hrsg.): Entwicklungsstrategien in Lateinamerika in Vergangenheit und Gegenwart, Paderborn 1983, S. 175-193

KONRAD-ADENAUER-STIFTUNG
Zehn Jahre Andenpakt - Ergebnisse und Perspektiven, Bonn 1979

KRESSIN, J.;SPIEGEL, E.
Agrarreformen und Produktionsgenossenschaften in Peru, Berlin 1973

LAJO LAZO, M.
Arequipa: Movimiento Popular y Proyecto Regional, in: BARRANECHEA, C. (Hrsg.): El Problema Regional Hoy, Lima 1983, S. 177-189

LANGE, K.
Die Organisation der Region. Dissertation, Göttingen 1968

LANGE, K.
Stichwort Regionen, in: Handwörterbuch der Raumforschung und Raumordnung, Spalten 2705-2719, Hannover 1970

LAUSCHMANN, E.
Grundlagen einer Theorie der Regionalpolitik (Taschenbücher zur Raumplanung Band 2), Hannover [2]1973

LIEUWEN, E.
Arms and Politics in Latin America, London/New York 1963

LLOSA LARRABUE, J.
"Cooperación Popular": A New Approach to Community Development in Peru, in: International Labour Review Vol. 94, Nr. 3, Sept. 1966, S. 221-236

LOVON ZAVALA, G.
Mito y Realidad del Turismo en el Cuzco, Cuzco 1982

LOZADA TAMAYO, S.
Aspectos Legales de la Organización Regional, unveröffentlichtes Vortragsmanuskript für das Seminar Problematica Regional en el Perú, Arequipa 1980

LÜPERTZ, V.
Comunidad industrial und Propiedad social. Versuche neuer Eigentumsformen im peruanischen Industriesektor, in: Vierteljahresberichte: Probleme der Entwicklungsländer, Nr. 66, 1976, S. 299-317

MAAS, A.
Entwicklung und Perspektiven der wirtschaftlichen Erschließung des tropischen Regenwaldes von Peru unter besonderer Berücksichtigung der verkehrsgeographischen Problematik, Tübingen 1969

MARTINEZ, H.
Reforma Agraria Peruana, in: Boletín de Estudios Latinoamericanos y del Caribe, Amsterdam 1981, S. 103-125

MARTINEZ, J. P.
Ley General de Industria Nr. 23407, 2 Bände, Lima 1983

MATZNETTER, J.
Die Erschließung peripherer Binnenräume in Brasilien. Agrarkolonisation und Kakaoanbau in Rondonia, in: Zeitschrift für Wirtschaftsgeographie 1984, Heft 1, S. 47-69

MAUS, T.
Entwicklungsproblematik und Unterentwicklung. Ein Beitrag zur Steuerbarkeit abhängiger Entwicklungsprozesse am Beispiel Nordost-Brasiliens, Meisenheim am Glan 1979

MERCK, C. E. von
Peruvia - eine neue Stadt im Urwald, in: Übersee-Rundschau, August 1961, S. 14-17

MERTINS, G.
Agrar- und Sozialstruktur sowie interne Abhängigkeit in naturräumlich wie sozio-ökonomisch unterschiedlichen Regionen Nordost-Brasiliens, in: Zur Diskussion der dissoziativ-autozentrierten Entwicklungstheorie/-strategie, DGFK-PP Nr. 34, Bonn 1981

197

METZLER, G.
   Politische Transformation eines Entwicklungslandes.
   Verlauf und Entwicklung der Peruanischen Agrarreform
   1969 - 1978, Dissertation Tübingen 1980

MIKUS, W.
   Probleme der regionalen Steuerung der Nahrungswirt-
   schaft an der Costa Perus, in: Geographische Zeitschrift 1974, Heft 3, S. 204-232

MIKUS, W.
   Die Industrie als Entwicklungsfaktor - Zur Kontrover-
   se von Entwicklungsstrategien mit Beispielen aus
   Peru, in: Zeitschrift für Wirtschaftsgeographie 1984,
   Heft 3/4, S. 199-217

MINISTERIO DE AGRICULTURA
   Majes: Proyecto de Desarrollo Regional de Propositos
   Multiples, Santa Rita 1977

MINISTERIO DE AGRICULTURA
   Región Agraria XXII: Loreto, in: Suplemento La
   Crónica 31. 8. 1984

MINISTERIO DE AGRICULTURA;CORPORACION AUTONOMA REGIONAL DE
LA SA-BANA DE BOGOTA Y DE LOS VALLES DE UBATE Y
CHIQUINQUIRA
   Ley 3ª de 1961 (31 de Enero), o. O., o. J.

MINISTERIO DE ECONOMIAS Y FINANZAS
   Inversión Pública 1981-1984, unveröffentlichtes sta-
   istisches Material

MINISTERIO DE INDUSTRIA, TURISMO E INTEGRACION
   Segunda Etapa del Plan COPESCO, Programa de Inversión, Cuzco 1981

MINISTERIO DE INDUSTRIA, TURISMO E INTEGRACION
   Plan COPESCO (Resumen), Cuzco 1982

MINISTERIO DE INDUSTRIA, TURISMO E INTEGRACION
   Plan Operativo del Sector Industria 1984-1985, Lima
   1985

MINISTERIO DE INDUSTRIA, TURISMO E INTEGRACION;ORGANIZA-
CION DE LOS ESTADOS AMERICANOS
   Guia del Servicio para la Pequeña Empresa Industrial,
   Lima 1985

MINKNER, M.
Kleinindustrie in Peru, Tübingen/Basel 1976

MITTEILUNGEN DER BUNDESSTELLE FÜR DEN AUSSENHANDEL
Wirtschaft im Jahreswechsel, Februar 1980

MOHR, J. H.
Entwicklungsstrategien in Lateinamerika, Bensheim
1975

MONHEIM, F.
Zur Entwicklung der Peruanischen Agrarreform, in:
Geographische Zeitschrift, 1972, Heft 2, S. 161-181

MONHEIM, F.
Die Entwicklung der Peruanischen Agrarreform 1969-
1979 und ihre Durchführung im Departamento Puno, in:
Erdkundliches Wissen Heft 55 (Beiheft zur Geographi-
schen Zeitschrift), Wiesbaden 1981

MONTES DE OCA GARCIA, A.
Consideraciones en Torno al Proyecto Majes, in: Plaza
Mayor 9, Juli/August 1983, S. 19-23

MÜLLER, B.
Fremdenverkehr und Entwicklungspolitik zwischen
Wachstum und Ausgleich: Folgen für die Stadt- und Re-
gionalentwicklung in peripheren Räumen, Mainz 1983

MÜLLER, B.
Fremdenverkehr, Dezentralisierung und regionale Partizipation in Mexiko, in: Geographische Rundschau 36
(1984), Heft 1, S. 21-24

NELSON, M.
The Development of Tropical Land. Policy Issues in
Latin America, Baltimore;London 1973

OESTEREICH, J.
Was ist und wem dient Regionalplanung in der Dritten
Welt? in: Raumforschung und Raumordnung 1981, Heft 4,
S. 175-182

OFICINA NACIONAL DE EVALUACION DE RECURSOS NATURALES/IN-
STITUTO NACIONAL DE PLANIFICACION
Inventario, Evaluación e Integración de los Recursos
Naturales de la Zona Villa Rica - Puerto Pachitea
(Rios Pichis y Palcazú), Lima 1970

199

PONGRATZ, M. P.
Die öffentliche Verwaltung in Entwicklungsländern bei
der Durchführung von Entwicklungsplänen - dargestellt
am Beispiel Peru, Dissertation Speyer 1977

POSADA F., A. J.;DE POSADA, J.
CVC - Un Reto al Subdesarrollo y al Tradicionalismo,
Bogotá 1966

PREBISCH, R.
El Desarrollo Económico de la América Latina y Al-
gunos de Sus Principales Problemas, Santiago de Chile
1949

PREBISCH, R.
Hacia una Dinámica del Desarrollo Latinoamericano,
Mexiko 1963

PRESIDENCIA DEL CONSEJO DE MINISTROS
Programa de Desarrollo de la Selva Central. Proyecto
Especial Pichis-Palcazú: Nucleo Generador del Des-
arrollo de la Selva Central, Lima 1983a

PRESIDENCIA DEL CONSEJO DE MINISTROS
Resumen de los Proyectos Especiales en la Selva, Lima
1983b

PRESIDENCIA DEL CONSEJO DE MINISTROS
Programa de Desarrollo de la Selva Central. Informe
Anual. Avance Físico 1981-1982, Lima 1983c

PRESIDENCIA DE LA REPUBLICA
Perú 1981, Lima 1981

PRESIDENCIA DE LA REPUBLICA
Perú 1982, Lima 1982

PRESIDENCIA DE LA REPUBLICA
Perú 1983, Lima 1983

PRESIDENCIA DE LA REPUBLICA
Perú 1984, Lima 1984

PROYECTO ESPECIAL PICHIS PALCAZU
Programa de Asistencia Técnica Desarrollo Rural Oxapampa, Tomo 1, Oxapampa 1983

PULGAR VIDAL, J.
La Regionalización Transversal del Territorio Peruano
como el Fin de Lograr Administración del Desarrollo
Nacional, in: AMAT Y LEON, C., CHAVEZ, L., BUSTAMANTE
BELAUNDE, L. (Hrsg.): Lecturas Sobre Regionalización,
Lima 1981

RAMIRES BAUTISTA, B.
Solución Terrateniente Obstaculizada el Desarrollo
Agrario, in: UNIVERSIDAD NACIONAL MAYOR DE SAN MARCOS
(Hrsg.): El Problema Agrario en el Valle del Chira,
Lima 1982, S. 259-306

REH, H. U.
Der Staatsstreich in Peru 1968. Ursachen und Konsequenzen. Mainz 1970

RIZO PADRON, J.
Análisis de la Estructura de la Inversión Pública
Regional en el Perú, Periodo 1968-1980, Lima, un-
veröffentlicht

RODRIGUEZ VASQUEZ, R.
Factores Determinantes del Comportamiento de la Pequeña Industria en la Ciudad de Trujillo 1981-1982,
in: MIKUS,W. (Hrsg.): Struktur- und Entwicklungsprobleme der Industrie Perus, Heidelberg 1985, S. 301-335

ROTT, R.
Der brasilianische Nordosten 1964-1980, Heidelberg
1981

RUMRRILL, R.
Amazónica Peruana, Lima 1984

SAMANIEGO, E.
Perspectiva de la Agricultura Campesina en el Perú,
in: CENTRO DE INVESTIGACION Y CAPACITACION (Hrsg.):
La Realidad en el Campo Despues de la Reforma Agraria, Lima 1980, S. 189-250

SANDNER, G.
Die Hauptphasen der wirtschaftlichen Entwicklung in
Lateinamerika und ihre Beziehung zur Raumerschließung, in: Wirtschafts- und Kulturräume der außereuro-
päischen Welt, Festschrift für A. Kolb, Hamburger
Geographische Studien, Heft 24, Hamburg 1971, S. 311
-334

SANDNER, G.;STEGER, H. A. (Hrsg.)
Fischer Länderkunde Lateinamerika, Frankfurt a. M.
[6] 1980

SANDT, B.
Kriterien der Entwicklungsplanung in Lateinamerika,
Göttingen 1969

SASSENFELD, H.
Entwicklungsprobleme aus regionalpolitischer Sicht.
Kausalfaktoren räumlich differenzierter Entwicklung
und regionalpolitische Lösungsansätze am Beispiel
Chiles 1964-1973, Bonn 1977

SCHILLING-KALETSCH, I.
Wachstumspole und Wachstumszentren. Untersuchungen zu
einer Theorie sektoral und regional polarisierter
Entwicklung, Hamburg 1976

SCHLEGEL, W.
Erziehungsreform und polytechnische Berufsschule in
Peru, Bonn 1980

SCHMIDT, B.
Zur grundbedürfnisorientierten ländlichen Entwicklungsplanung, in: v. HAUFF,M./PFISTER-GASPARY
(Hrsg.): Entwicklungspolitik, Saarbrücken/Fort Lauderdale 1984 S. 197-206

SCHMITTHÜSEN, F.;LAGEMANN, J.
Informe de Evaluación Reforestación en la Selva
Central, unveröffentlichtes Gutachten, Eschborn 1982

SCHRÖDER, H. J.
Amerika als Modell? Das Dilemma der Washingtoner
Außenpolitik gegenüber revolutionären Bewegungen im
20. Jahrhundert, in: Historische Zeitschrift, Beiheft
5, o. J.

SCHÜRMANN, H.
Auswirkungen des internationalen Tourismus auf die
Regionalentwicklung in Ländern der Dritten Welt, in:
GRUBER,G. et al. (Hrsg.): Der Tourismus als Entwick-
lungsfaktor in Tropenländern (2. Frankfurter Wirt-
schaftsgeographische Symposium 27./28. Jan. 1978),
Frankfurt a. M. 1979, S. 205-251

SCHUMACHER, E. F.
Die Rückkehr zum menschlichen Maß, Reinbek [2] 1983

SCHUURMAN, F. J.
Colonization Policy and Peasant Economy in the
Amazonas Basin, in: Boletín de Estudios Latinoamericanos y del Caribe, Nr. 27, Amsterdam Dez. 1979, S.
29-43

SCHUURMAN, F. J.
Van Andes naar Oriente - Agrarische Kolonisatie in
Amazonia en de Rol van de Staat, Dissertation Amster-
dam 1980

SCHWARZ, G.
Mikroindustrialisierung: Handwerk und angepaßte Technologie, Dissertation St. Gallen 1980

SENGHAAS, D.
Plädoyer für eine neue Entwicklungspolitik. Dissozia-
tion als Devise, in: Hessische Stiftung für Friedens-
und Konfliktforschung, Arbeitspapier Nr. 5/1977

SENGHAAS, D.
Wie ist Unterentwicklung zu überwinden? in: BAHR, H.
E. und GRONEMEYER, R. (Hrsg.): Anders leben - über-
leben, Frankfurt a. M. ⁴1979

SERVICIO COOPERATIVO INTERAMERICANO DEL PLAN DEL SUR
Plan Regional para el Desarrollo del Sur del Perú,
Lima 1959

SLATER, D.
The State and Territorial Centralization: Peru 1968-
1978, in: Boletín de Estudios Latinoamericanos y del
Caribe, Nr. 27, Amsterdam Dez. 1979, S. 43-69

SLATER, D.
El Estado y la Cuestión Regional en América Latina,
in: Revista Interamericana de Planificación, Mexiko
D. F. 1983, S. 20 - 43

SOUTHERN CALIFORNIA LABORATORIES OF STANFORT RESEARCH IN-
STITUTE (Hrsg.)
The Arequipa Industrial Park, Southern Pasadena
(Calif.) 1964

STÖHR, W.
El Desarrollo Regional en América Latina. Experiencias y Perspectivas, Buenos Aires 1972

STÖHR, W.
Development from Below: The Bottom-Up and Periphery-Inward Development Paradigma, in: STÖHR,W./ TAYLOR,D.R.F. (Hrsg.): Development from Above or Below, Chichester/New York 1981, S. 39-72

STÖHR, W./TAYLOR, D. R. F.
Development from Above or Below. Some Conclusions, in: STÖHR,W./TAYLOR,D.R.F. (Hrsg.): Development from Above or Below, Chichester/New York 1981, S. 453-480

STUDER, H. M.
Grundfragen zur Planung der regionalen Wirtschafts-entwicklung, unveröffentlichte Unterlagen des Ebert-Stiftung-Projektes "Regionalentwicklung Arequipa", Arequipa 1980a

STUDER, H. M.
Rechtliche und praktische Fragen zur Wiederherstel-lung der Entwicklungskorporationen, unveröffentlichte Unterlagen des Ebert-Stiftung-Projektes "Regional-entwicklung Arequipa", Arequipa 1980b

TETZLAFF, R.
Die Weltbank: Machtinstrument der USA oder Hilfe für Entwicklungsländer? München 1980

THÖNE, K.
Selbsthilfeorganisationen als Träger der Entwicklung und ihre Förderung im Rahmen der Entwicklungshilfe, in: v. HAUFF,M./PFISTER-GASPARY: Entwicklungspolitik, Saarbrücken/Fort Lauderdale 1984, S. 207-215

UNIVERSIDAD DEL PACIFICO;BANCO AGRARIO DEL PERU (Hrsg.)
Perú: El Agro en Cifras, Lima 1984

UNIVERSIDAD DEL PACIFICO;FUNDACION FRIEDRICH EBERT
CERTEX - Resultados y Alternativos, Lima 1980

UNIVERSIDAD DEL PACIFICO;FUNDACION FRIEDRICH EBERT
Seminario Sobre Estrategias de Desarrollo Regional, Lima, unveröffentlichte Seminarunterlagen

URBAN, K.
Conversatorio: Irrigación y Desarrollo - Experiencias con Grandes Irrigaciones en la Costa Peruana, vorläu-figes unveröffentlichtes Manuskript

URFF, W. VON
   Die peruanische Agrarreform, in: Zeitschrift für ausländische Landwirtschaft 1975, S. 331-350

VALDERRAMA, M.
   Peru - Bauernbewegung und Agrarreform, Bonn 1977

VELLINGA, M.;KRUJIT, D.
   Estado, Desarrollo Regional y Burguesía Regional: Los
   Casos de Perú y Colombia, in: Revista Interamericana
   de Planificación 18, Mexiko 1984, S. 89-108

WALLER, P. P.
   Probleme und Strategien der Raumplanung in Entwick-
   lungsländern. Dargestellt am Beispiel Perus, in:
   Raumforschung und Raumordnung Heft 3, 1971, S. 97-111

WEITZ, R.
   Integrated Rural Development. The Rehovot Approach.
   Rehovot, Israel 1979

WELTBANK (Hrsg.)
   Jahresbericht 1980, Washington 1980

WELTBANK (Hrsg.)
   Jahresbericht 1981, Washington 1981

WELTBANK (Hrsg.)
   Jahresbericht 1982, Washington 1982

WELTBANK (Hrsg.)
   Jahresbericht 1984, Washington 1984

WENDLER, H. J.
   Community Development in Peru. Möglichkeiten und
   Grenzen der Cooperación Popular, in: Spektrum der
   Dritten Welt, Heft 7, Wentdorf/Hamburg 1971, S. 65-98

WHITTLESEY, D.
   The Regional Concept and the Regional Method, in:
   JAMES, P. E.;JONES, C. F. (Hrsg.): American Geo-
   graphy. Association of American Geographers, Syracuse
   University Press 1954

WILHELMY, H.
   Tropische Transhumance, in: Heidelberger Geographische Arbeiten Heft 15, Wiesbaden 1966, S. 198-207

WORLD BANK (Hrsg.)
    Country Study: Peru. Major Development Policy Issues
    and Recommendations, Washington 1981

WORLD BANK (Hrsg.)
    The World Bank Annual Report 1983, Washington 1983

WYSS, O.
    Wandel im Ordnungsgefüge der peruanischen Landwirt-
    schaft unter der Revolutionsregierung 1968-1974,
    Dissertation St. Gallen 1975

ZARAUS, L.
    Parque Industrial de Arequipa y Crisis del Sector Em-
    presarial, Lima 1984

ZUZUNAGA FLORES, C. (Hrsg.)
    Las Empresas Públicas en el Perú. Lima 1985

OHNE VERFASSER
    Mapa de la Pobreza 1972, o. O., o. J.

OHNE VERFASSER
    Nueva Constitución Política del Perú, Lima 1984

Artikel aus den folgenden Zeitungen und Zeitschriften
wurden verwendet:

ACTUALIDAD ECONOMICA
CARETAS
DEBATE
DER SPIEGEL
DIE ZEIT
EL PERUANO
EL COMERCIO
FRANKFURTER ALLGEMEINE ZEITUNG
FRANKFURTER RUNDSCHAU
HANDELSBLATT
LA PRENSA
LA REPUBLICA
NEUE ZÜRCHER ZEITUNG
PERU ECONOMICO
PLAZA MAYOR
POGROM
QUEHACER
SUR

ZENTRUM FÜR

REGIONALE ENTWICKLUNGSFORSCHUNG DER

JUSTUS-LIEBIG-UNIVERSITÄT GIESSEN

Diezstraße 15, 6300 Gießen

S C H R I F T E N   ISSN 0170-1614

1 Hemmer, Hans-Rimbert: Zur Problematik der gesamtwirtschaftlichen Zielfunktion in Entwicklungsländern. Zweite revidierte Auflage. 1978, 129 Seiten, DM 5,-.
   ISBN 3-88156-97-1

2 Lemnitzer, Karl-Heinz: Ernährungssituation und wirtschaftliche Entwicklung. 1977, 349 Seiten, vergriffen.
   ISBN 3-88156-076-9

3 Bodenstedt, A. Andreas: Industrialisierte Agrartechnik
   - Modell regionaler ländlicher Entwicklung? 1977,
   63 Seiten, DM 3,-.
   ISBN 3-88156-077-7

4 Alewell, Karl, zusammen mit Bernd Rittmeier: Dienstlei-
   stungsbetriebe als Gegenstand von Regionalförderungs-
   maßnahmen. 1977, 118 Seiten, DM 5,-.
   ISBN 3-88156-89-0

5 Kroker, Detlef: Innovatives Handeln und Motivation.
   1977, 157 Seiten, DM 7,-.
   ISBN 3-88156-090-4

6 Kaufmann, Reinhard: Vergleichende Untersuchung struk-
   turschwacher Regionen der Europäischen Gemeinschaften.
   1978, 64 Seiten, DM 3,-.
   ISBN 3-88156-099-8

7 Boguslawski, Michael von und Rolf Betz: Kommentare zur
   Regionalplanung in Entwicklungsländern: Kisii District
   Planning/Kenya. 1979, 66 Seiten, DM 3,-.
   ISBN 3-88156-113-7

8 Bodenstedt, A. Andreas et al.: Das Ernährungsverhalten
   ländlicher und städtischer Bevölkerung in Kolumbien.
   1979, 270 Seiten, DM 11,-.
   ISBN 3-88156-114-5

9 Boguslawski, Michael von et al.: Die Berücksichtigung von Ernährungsaspekten bei der Regionalplanung in Entwicklungsländern. 1979, 118 Seiten, DM 5,-.
ISBN 3-88156-122-6

10 Bodenstedt, A. Andreas et al.: Fehlernährung und ihre Folgen für die regionale Entwicklung. 1979, 96 Seiten, DM 4,-.
ISBN 3-88156-128-5

11 Aberle, Gerd et al.: Konflikte durch Veränderungen in der Raumnutzung. 1979, 182 Seiten, zahlreiche Bildseiten und Karten, DM 8,-.
ISBN 3-88156-136-6

12 Bäuerle, Gerhard: Naturorientiertes Freizeitwohnverhalten und Freizeitwohninteresse - dargestellt an drei Teilräumen in Gießen. 1979, 101 Seiten + 6 Seiten Anhang, DM 4,-.
ISBN 3-88156-139-0

13 Boguslawski, Michael von: Regionalplanung und ländliche Entwicklung - Theoretische Grundlagen und praktische Anwendbarkeit in Entwicklungsländern. 1980, 279 Seiten, vergriffen.
ISBN 3-88156-148-X

14 Thimm, Heinz-Ulrich: Integrated Rural Development (IRD) - Kommentar zum "Ontwikkelingsplan vir Owambo/Namibia". 1980, 91 Seiten, DM 4,-.
ISBN 3-88156-156-0

15 Amatucci, Andrea und Hans-Rimbert Hemmer (Hrsg.): Wirtschaftliche Entwicklung und Investitionspolitik in Süditalien. 1981, 257 Seiten, DM 11,-.
ISBN 3-88156-166-8

16 Thimm, Heinz-Ulrich: Integrated Rural Development (IRD): Comments on "Planning Proposals for Venda/S.A.".1981, IV, 84 pages, 7 figures, DM 11,-.
ISBN 3-88156-169-2

17 Bodemeyer, Reinhard et al.: Stadt-Land-Verflechtung und Einkommensverteilung in Entwicklungsländern - Vorträge einer Öffentlichkeitsveranstaltung des Zentrums für regionale Entwicklungsforschung am 2. Juni 1981 in Gießen. 1981. XIII, 104 Seiten, DM 14,-.
ISBN 3-88156-189-7

18 Stremplat, Axel V. und Petra Stremplat-Platte: Kommentare zur Regionalplanung in Entwicklungsländern: Shinyanga Regional Integrated Development Plan, United Republic of Tanzania. 1981, III, 83 Seiten, 2 Karten, DM 12,-.
    ISBN 3-88156-190-0

19 Stremplat, Axel V.: The Impact of Food Aid and Food Security Programmes on the Development in Recipient Countries - Including Case Studies in the Republic of The Gambia, the Republic of Niger, and the United Republic of Tanzania. 1981, 61 pages, 7 figures, 3 maps, DM 10,-.
    ISBN 3-88156-191-9

20 Giese, Ernst: Voraussichtliche Entwicklung der Studentenzahlen in der Bundesrepublik Deutschland bis Ende der 80er Jahre. 1982, III, 73 Seiten, 7 Abb., 2 Karten, DM 12,-.
    ISBN 3-88156-203-6

21 Spitzer, Hartwig: Das räumliche Potential als entwicklungspolitische Basis. 1982, XV, 506 Seiten, 31 Fotos, 128 Abb./Tab., DM 49,50.
    ISBN 3-88156-212-5

22 Arbeitsgruppe Stadt-Land-Verflechtung (Hrsg.): Aspekte der Stadt-Land-Beziehungen in Entwicklungsländern. 1982, IX, 129 Seiten, 3 Abb., DM 19,-.
    ISBN 3-88156-215-X

23 Göricke, Fred V.: Institutionenaufbau in IRD-Programmen - Das Beispiel der Region Dodoma/Tansania. 1982. VI, 290 Seiten, DM 36,-.
    ISBN 3-88156-216-8

24 Giese, Ernst; Eckhard Benke und Michael Towara: Zum Problem der Festlegung des kommunalrechtlichen Status von Städten - Eine Evaluierung und empirische Überprüfung der Kriterien zur Festlegung des kommunalrechtlichen Status hessischer Städte. 1982, IV, 108 Seiten, 12 Abb., 19 Tab., DM 14,-.
    ISBN 3-88156-217-6

25 Krietemeyer, Hartmut: Der Erklärungsgehalt der Exportbasistheorie. 1983, IX, 224 Seiten, 16 Abb., 29 Tab., DM 46,-.
    ISBN 3-87895-240-6

26 Windeck, Klaus-J.: Strukturelle Planung - Mehrebenenplanung in Entwicklungsländern. 1984. VII, 328 Seiten, 16 Abb., 12 Tab., DM 59,-.
    ISBN 3-87895-252-X

27 Spitzer, Hartwig (Hrsg.) unter Mitarbeit von Uwe Bormann und Lothar Zschiesche : Mehrfachbeschäftigung im ländlichen Raum. 1985, XI, 392 Seiten, DM 56,-.
ISBN 3-87895-271-6

28 Meyer-Mansour, Dorothee: Frauen-Selbsthilfegruppen in Kenia. 1985, X, 230 Seiten, 10 Abb., 17 Tab., DM 47,-.
ISBN 3-87895-277-5

29 Hemmer, Hans-Rimbert und Gerd Aberle (Hrsg.): Entwicklungsperspektiven Süditaliens. 1985, XII, 281 Seiten, DM 52,-.
ISBN 3-87895-280-5

30 Nunnenkamp, Peter: Die Rolle öffentlicher Industrieunternehmen im Exportsektor Indiens. 1985, XIV, 268 Seiten, DM 52,-.
ISBN 3-87895-285-6

31 Beissner, Karl-Heinz: Nahrungsmittelhilfe - Ziele, Wirkungen, Evaluierungsmöglichkeiten. 1986, XIX, 361 Seiten, DM 54,-
ISBN 3-87895-306-2

32 Bodemeyer, Reinhard: Bürokratie und Politik in Sambia - Zur Modernisierung der Verwaltung in Entwicklungsländern. 1986, XVII, 248 Seiten, DM 55,-.
ISBN 3-87895-317-8

33 Aberle, Gerd und Hans-Rimbert Hemmer (unter Mitarbeit von R. Bodemeyer, J. Krauskopf, K. Müller, M. Towara): Verkehrsinfrastruktur-Investition und Regionalentwicklung in Süditalien. 1987, XIV, 263 Seiten, DM 48,-.
ISBN 3-87895-332-1

34 Kopp, Andreas (Editor): Scientific Positions to Meet the Challenge of Rural and Urban Poverty in Developing Countries. Hamburg 1987, 384 Seiten, DM 39,-.
ISBN 3-87895-338-0

35 Klüter, Helmut: Territoriale Produktions-Komplexe in Sibirien. Hamburg 1988, DM 39,-.

Die "Schriften" Band 1 bis 15 werden als Restauflage vom Zentrum für regionale Entwicklungsforschung, Band 16 bis 24 vom Zentrum und durch den Verlag Breitenbach Publishers, Memeler Straße 50, 6600 Saarbrücken, vertrieben.

Ab Band 25 wenden Sie sich bitte an Verlag Weltarchiv GmbH, Neuer Jungfernstieg 21, 2000 Hamburg 36.